AF277448

TEORÍA Y PRÁCTICA
(ARTÍCULOS EN TREBALL DE 1978-1981)

Teoría y práctica

(artículos en Treball de 1978-1981)

MANUEL VÁZQUEZ MONTALBÁN

Edición e introducción de **Joaquín Recio Martínez**

Traducción de **Anna Noguer Gumbau**

2024

Este libro ha sido posible gracias a la colaboración del PSUC Viu.

La editorial quiere agradecer la entusiasta colaboración y apoyo de las personas que han trabajado en esta edición o de alguna manera han colaborado: Edu Navarro y Anna Noguer.

Edición e introducción de Joaquín Recio Martínez.

Traducción del catalán de Anna Noguer.

Ilustración de portada de Guille Casanova Corral, Instagram: @guille_casanova_corral

Composición y diseño cubiertas de Álvaro Belmonte

Diseño y maquetación de Manuel González

ISBN-13: 978-84-128389-1-6
Hecho en Andalucía, abril 2024.

EL XX ANIVERSARIO DE MANUEL VÁZQUEZ MONTALBÁN

INTRODUCCIÓN

Que veinte años no es nada

En este último año se van acumulando acontecimientos muy interesantes (y gratificantes) sobre la obra de Manuel Vázquez Montalbán, en facetas a veces muy curiosas que ayudan a conocer mejor al autor. Así su propio hijo, Daniel Vázquez Sallés, nos ha sorprendido con su libro *Recuerdos sin retorno* (Folch & Folch).

Daniel Vázquez Sallés nos ha regalado un libro de memorias inusual, cuidado, disperso y compacto a la vez, que bien vale la mayor (auto) biografía mejor documentada, pues a partir de deseos, frustraciones, verdades y no pocos recuerdos nos retrata lo que queda de Vázquez Montalbán en su vida: la huella indeleble de la memoria.

Se pueden citar varios momentos del libro que abrirían el apetito de la más noble curiosidad pero sirva a modo de referencia de todo el entusiasmo que manifiesto con esta obra lo siguiente:

Siempre he recordado lo que me dijiste una tarde de verano en Sant Miquel de Cruïlles (…) En ese Cruilles de agostos cotidianos, huir tras el almuerzo era una liturgia diaria. Sentados en el sofá, solías preguntarme sobre las cosas que me acontecían (…) Pero esa tarde de agosto "pavesiano", de minutos lentos condimentos con una sonata interpretada por grillos sofocados por rayos duros como el alambre, decidiste invertir la preocupación y me hablaste de tu futuro. Allí, tumbado en el sofá, se te notaba cansado, necesitado de conciliar el sueño reparador antes de saltar de nuevo sobre las teclas del ordenador(…) a pesar de todo decidiste que Morfeo podía esperar, empujado por la necesidad de confesarte con una frase que en ese momento me pareció indigesta: "Cuando me muera, pasaré unos años en el purgatorio. Luego, algunos, tres o cuatro de mis libros, lograrán sobrevivir a mi ausencia. Creo con firmeza que tenías un sexto sentido capaz de predecir el futuro".

Este libro, no extenso en páginas y extraordinariamente grande en los aspectos humanos que contiene, ha sido escrito en diferentes momentos por el autor pero ha salido a la luz, como un ramillete de recuerdos y reflexiones, al calor del XX aniversario de su fallecimiento. Hay que agradecer y mucho el surgimiento de este libro para los que queremos conocer aún mejor (y comprender lo que se pueda) todo lo que implica la vida y la obra de un genio de las letras como Manuel Vázquez Montalbán.

El año 2023 también nos dio otras alegrías maravillosas como la publicación de *Los papeles de Admusen* (Ed. Navona) la primera novela del autor inédita y atesorada hasta el día de su reciente publicación en la Biblioteca de Catalunya. Gracias a su hallazgo se ha podido publicar este título tan llamativo y curioso y del que hago ya un primer análisis de su contenido culinario en un apartado de esta introducción. Como bien refiere José Colmeiro en su estudio introductorio:

Con una estructura de collage fragmentario, la novela ofrece una crónica lúdica de una época, los años sesenta, marcada por la represión política y las luchas clandestinas, el exilio interior, el desarrollo de una sociedad de consumo y la agitación social y cultural provocada por nuevas ideas y cambios en la moralidad y las costumbres. (…) Desde una lectura inicial del manuscrito inédito, conservado en una de las numerosas cajas del archivo Manuel Vázquez Montalbán de la Biblioteca de Catalunya, me resultó evidente que era una obra de gran importancia".

También en 2023 y gracias a la generosidad del citado Daniel Vázquez Sallés y de la misma Anna Sallés, nuestra humilde editorial y el Partido Comunista de España (PCE) pudimos coeditar una novela de la etapa subnormal que con el sugerente título de *Cuestiones marxistas* llevaba casi medio siglo sin reeditarse.

Ambos títulos han sido, de forma diferente por la naturaleza de cada cual, dos acontecimientos editoriales que bien nos sitúan de nuevo en el candelero al autor de Los mares del Sur.

No sabemos qué títulos se han salvado de la quema del tiempo inexorable, y si van a ser más de tres o cuatro libros los que van a permanecer, quizás se equivocara en su predicción nuestro querido autor. Yo sinceramente creo que el número son unos cuantos más, además de todas las "novedades" que el mundo editorial y cultural pueden aportar en torno a su vida y su obra. Así que esperamos que de esta vuelta a Vázquez Montalbán, como decía el tango, que veinte años no es nada, nos sorprendan más iniciativas que revitalicen su universo literario. Ojalá desde el cine, la plástica,… se puedan ver reinterpretaciones o puestas en escena o en pantalla… dentro de poco.

Y no solo han sido libros, también nos hemos volcado en recordar su literatura a partir de la gastronomía presente en las novelas del detective Carvalho. De esto también hablamos más adelante en esta introducción.

Y como si no fuera poco todo lo anterior, en otro archivo, en este caso en el Archivo Histórico de CCOO de Catalunya, en su colección de prensa obrera y en las cajas dedicadas al Treball, el periódico del PSUC, hemos buscado y encontrado de nuevo a Manuel Vázquez Montalbán.

INTRODUCCIÓN A LA LECTURA DE UN NUEVO LIBRO DE MANUEL VÁZQUEZ MONTALBÁN

Y como si no fuera suficiente todo lo anterior que hemos vivido como amantes de su literatura y pensando que no es posible publicar nada más novedoso de Vázquez Montalbán nos encontramos ahora presentando una compilación de artículos que no habían sido editados nunca en castellano y prácticamente olvidados en las antologías de sus artículos en catalán (una buena parte de estos artículos fueron rescatados en catalán en Nous horitzons nº205 de 2013 con el título de Vázquez Montalbán, sempre).

Sirvan estas palabras como breve introducción a un nuevo acontecimiento editorial de Manuel Vázquez Montalbán, así pasen ya casi veinte años más uno de su desaparición física. Nada comparable como acontecimiento al extraordinario inédito y ya referenciado con anterioridad Los papeles de Admusen, pues los que vamos a presentar en este libro son artículos que ya fueron publicados en el idioma en el que fueron escritos, el catalán, para el periódico Treball entre la década de los 70 y los 80.

No se puede comparar este libro con la magnífica novela primigenia de MVM que se alumbró en la segunda mitad del 2023. Comparaciones aparte, no deja de ser un motivo de entusiasmo y a la vez de perplejidad que nuestro querido autor siga sorprendiendo con textos nuevos, como es el caso de esta publicación de los artículos escritos en Treball desde 1979 hasta 1981 y por primera vez compilados en su totalidad y traducidos al castellano.

Ya en nuestro anterior trabajo dedicado a los artículos de la sección Cambiar la vida, cambiar la historia en Mundo Obrero realizamos la siguiente conclusión a nuestra investigación en los archivos del PCE:

> Se cuentan unos 9000 artículos periodísticos publicados en una gran diversidad de publicaciones periódicas, ya sean periódicos o revistas. Lo que llama fuertemente la atención es que estas antologías o compilaciones de su obra periodística no se hacen gran referencia a sus aportaciones

a los periódicos u órganos de expresión del PCE y PSUC, sus partidos de referencia como comunista que era. No considero que haya una «mano negra» por ser periódicos ligados a organizaciones comunistas, considero que más bien hay una fijación por lo normativo que deja fuera de valoración (que no tendría que afectar su valor intrínseco como textos periodísticos) a los textos escritos por MVM en ambos diarios, Mundo Obrero o Treball.

Y es que como afirma el profesor Francesc Salgado «nunca regaló una palabra al poder». Por eso considero que hay que complementar y así tener la dimensión completa de su obra periodística también con la obra clandestina, que no por ser clandestina tiene menos fuerza como texto e interés por sus contenidos. Más bien todo lo contrario, cuando nos hemos sumergido en el Archivo Histórico del PCE, tan sólo para bucear en sus cajas lo que hay del militante comunista y escritor, nos ha sorprendido no sólo la cantidad de colaboraciones que hiciera con Mundo Obrero, desde el 9 de junio de 1976 hasta enero de 1979 con un espacio propio casi con una regularidad semanal o quincenal; si no también la gran confección de sus textos. Para MVM escribir era un oficio y una necesidad vital, que lo hizo bien donde participara.

ARTÍCULOS DE SU TIEMPO PARA COMPRENDER EL HOY

Un total de 59 artículos son los que hemos compilado en este volumen. Son en general de varios temas pero podríamos decir que a diferencia de los escritos en Mundo Obrero que eran de una gran variedad y diversidad, además de una perspectiva mucho más abierta hacia una gran público, en estos artículos de Treball predominan los análisis sobre la democracia y sus debilidades, la cuestión catalana y el nacionalismo español, la cuestiones internas, orgánicas y políticas del PSUC como su política comunicacional o estrategia electoral, y también sobre los comunistas en general (por ejemplo en "Anticomunismo") tanto dentro como fuera (por ejemplo en "¿Adónde va el PCF?").

Traemos a la persona lectora del siglo XXI una compilación de artículos de Vázquez Montalbán que son sin dudar de gran interés para el lector de hoy, así hayan pasado casi medio siglo de su publicación. Curiosamente Manuel Vázquez Montalbán nos sigue sorprendiendo con textos inéditos o poco conocidos y esto se convierte en un nuevo acontecimiento editorial tras dos décadas de su desaparición física.

Curiosamente Manuel Vázquez Montalbán estuvo escribiendo regularmente en Mundo Obrero con una regularidad algo mayor que en Treball y en un período justamente anterior. Es como si al dejar Mundo Obrero comenzara su trabajo en Treball condicionado también por el momento histórico que vive el PSUC y Catalunya, nada diferente a otros territorios que vivían la transición y la conquista autonómica pero que MVM analiza desde el contexto concreto catalán. Esto último también tiene relevancia en su aportación al Treball, la cuestión nacional y la nacionalidad histórica de Catalunya. Son en varios artículos donde se habla de todo esto, como en "Las autonomías, en peligro" donde relata el papel de Pedro J. Ramírez que desde Diario 16 juega a desastibilizar y "a decir que la Generalitat de Catalunya ha tomado medidas delirantes" o "que desde los sectores centralistas de la UCD se interpreta más o menos como medidas desestabilizadoras que han contribuido a la creación de un clima de golpe de estado". Nada nuevo ¿verdad?

MVM aborda las afrentas a las que es sometida Catalunya desde los partidos centralistas con una perspectiva muy interesante de unidad catalana y de defensa de una mayoría social catalana que debe profundizar en su herencia democrática (es sus valores democráticos practicados incluso por la derecha democrática catalana). En un artículo titulado "Españolismos" se retrata una situación nada lejana al clima que se vive hoy en el Estado español respecto al hecho catalán. Muy interesante una lectura en su contexto y también desde hoy:

> "Los sectores más reaccionarios del país comparten una "idea de España" con sectores que, en el territorio sociopolítico, no son reaccionarios. La "idea" de una España víctima de la perfidia exterior ha sido rejuvenecida

por la de una España víctima de su propia periferia rica y esta idea, hoy día, la comparte gente que mea agua bendita y gente que mea whisky, gente que no acierta ni una en la derecha y gente que no acierta ni una en Esquerra . El replanteamiento del "españolismo" tradicional pasa por la asunción de la realidad de una remodelación del Estado, pasa por los estatutos de autonomía, pasa, en el futuro, por el ejercicio del derecho de autodeterminación. Solo una vez realizado este proceso podremos plantearnos con honradez histórica el sentido de España".

Lo que sí podría ser un nexo a la gran mayoría de sus artículos es la cuestión de la democracia, como sistema, como encrucijada de valores, como otra forma de ver la vida, como forma de poner en práctica el socialismo…

No faltan en los artículos en análisis de los problemas del autoritarismo y la falta de cultura democrática en España: "El fascismo casi ha desaparecido de entre nosotros y ha sido sustituido por una democracia controlada en régimen de libertad controlada" (en artículo "Mitos y realidades"). Valoraciones a veces con un gran zoom que permite ver el bosque y otras veces mirando de cerca al problema concreto o a la manifestación de ese problema, como en "El baile de las encuestas". En este artículo nos pone sobre aviso del uso fraudulento de las encuestas para generar tendencias de voto y que lo está poniendo en práctica aquellos que se acostaron franquistas un día y se levantaron demócratas al día siguiente.

Quizás a MVM se le imputara en su momentos muchos defectos en sus análisis coyunturales, yo sinceramente creo que en los que falló (vamos que no ganaba su posición) se debía muchas veces a su condición de militante confiado en que las posiciones minoritarias o difíciles algún día ganarían ante la Historia. Hace política como escritor, o es escritor que hace política… eso da lo mismo, pero ante el V congreso del PSUC el pide la reunificación del PSUC "hacer una síntesis de la pluralidad cultural inherente a cualquier partido democrático". Aquel congreso ya sabemos cómo terminó, pero su ar-

15

tículo viene a contribuir a la noble idea de calmar las fracciones y los estalinismos.

La democracia nace débil y los franquistas utilizan todo para ganar, eso lo deja claro. Y en esto es donde así pasen más de cuarenta años de estos escritos en plena transición española, donde encontramos las definiciones más acertadas y los contextos mejor explicados de lo que estaba realmente pasando. "El mito del consenso no debe ser sustituido por un choque duro contra la realidad de la lucha de clases"

Por ello plantea que ante el nacimiento de una democracia capada tengamos una propuesta ya sea la libertad en democracia o el socialismo en democracia. Para ese fin MVM plantea muy seriamente la necesidad de educarnos en una cultura de la libertad y lo analiza desde el contexto de debate europeo sobre qué es el comunismo a finales del siglo XX después de las experiencias reales. "Tenemos que concebir cualquier exceso "socialista" contra la "libertad" como un error accidental o como un accidente erróneo. Nunca como una fatalidad"

De los análisis internos del partido (el PSUC) hay que reseñar la importancia que tiene para él todo lo referido a los medios de comunicación del partido. Hay toda una reflexión teórica y práctica de cómo debería ser la comunicación en estos momentos de cambio de la clandestinidad a la legalidad democrática. Además de interesante viene a poner también el foco en la búsqueda de la verdad y así dedica un artículo a Mundo Obrero, "Bien por Mundo Obrero", porque ha sido el único periódico que se ha contado la verdad del Caso Almería en 1981.

Y como curiosidad única y para muchos de los investigadores de MVM será una sorpresa aparece una autocrítica a un libro suyo: "Es la primera vez que tengo que hacer una autocrítica de una de mis obras. Y es bastante gracioso que precisamente sea la de Asesinato en el Comité Central y para una publicación del órgano central de un partido comunista". El artículo es toda una explicación de la libertad del artista y del militante, ambas tienen que ser complementarias nunca excluyentes al menos en el marco de la creación literaria.

Su sección Teoría y crítica escrita en catalán también recoge además de debates internos de partido, sobre el comunismo, la realidad nacional catalana… una serie de artículos donde se analiza el contexto internacional. Ya es de referencia saber el conocimiento que tenía MVM sobre la realidad política de EEUU. De esto también nos habla en sus artículos.

Y cómo no, y para terminar el aperitivo a la lectura consiguiente de este libro, nos deja una perla blaugrana: "¿Quo Vadis, Barça?". Un artículo único sobre el club de fútbol de la Masía, que aborda además la presidencia de Núñez y augura nada bueno para el club en cuanto a sentido de democracia interna y búsqueda de las raíces deportivas y humanas del mismo. En esto no se equivocó porque Núñez sería sin duda el que aceleró el proceso de globalización neoliberal del club. Y así sentencia:

> "Dirigido como si fuera una inmobiliaria, el club no ha alcanzado los hitos triunfales que Núñez le prefijaba. Hasta ahora, Núñez se ha salvado con habilidad, al conocer qué fácil es el recurso del anticentralismo para cubrir los errores y defectos propios. Pero, por lo que ha pasado hasta ahora, el Barça de Núñez, el Barça de la Transición, es también el Barça de la desidentificación".

LITERATURA Y CLASE, ESA ES LA RECETA
(un apunte como postre para finalizar)

"Vázquez Montalbán nos enseñó a comer bien a la clase obrera, bajó del cielo de los divinos la gastronomía y la popularizó gracias a las sucesivas entregas de las novelas de Carvalho", esto decía Ramón Reyes, cocinero comunista de Granada, en la presentación del Menú Carvalho en el encuentro literario-gastronómico "Yo soy de Montalbán". Y no era ninguna exageración porque gran parte de la formación o el interés que ha tenido mucha gente militante de la izquierda en la cocina ha sido en gran medida por el apetito despertado con las novelas del detective gallego. Precisamente ese interés de siempre por el buen comer de MVM se ha podido comprobar en toda su literatura y ahora también en su primera novela inédita Los papeles de Admusen. Así Ilsa, protagonista femenino de la novela, tiene un lance erótico gastronómico con "un arroz rojo y gualda por el huevo y el tomate". Y las recetas o momentos culinarios en esta novela ya se llena de contenidos y matices: "¡Ah! ¡sí! Estoy trastornado, eso de preparar pilaf con huevo y salsa de tomate!". Y ya en esta magnífica novela se puede ver todo el universo de personajes de Montalbán, como lugares y contextos de sus posteriores novelas y relatos. Y por supuesto hay una gran variedad de momentos culinarios como este menú: "En la cocina he lavado las hortalizas y las he trinchado con las tijeras, así como el jamón. Les he añadido las aceitunas y lo he aderezado todo con aceite, vinagre y sal. Después he hecho los bistecs rusos, que han tomado inmediatamente su consistencia granulosa. He dispuesto los dos platos con la ensalada y los bistecs. Un vaso de leche ha completado la bandeja. Ilsa ha seguido leyendo sin atender mi entrada (…)".

En la literatura de MVM todo está muy elaborado en cuanto a los ingredientes que usa el autor. Por decirlo de alguna forma, no da puntá sin hilo. Y las recetas se convierten en parte intrigante de las tramas o argumentos de las novelas. Por eso, como no se puede separar al gastrónomo del escritor y viceversa, porque sabemos que algunas recetas solamente estaban en la cabeza del novelista; realizar un homenaje a MVM por el XX aniversario de su fallecimiento tendría que comprender al menos una estrategia de dinamización de la lectura de sus libros y por otro, un acercamiento más popular a su obra de la mano de cocina.

El certamen literario-gastronómico "Yo soy de Montalbán" respondía a estos objetivos y con una comisión formada por el citado Ramón Reyes y Ernesto Martín Ayllón (otro cocinero comunista y también de Granada) se inició el certamen. En total se recibieron 31 recetas de proponentes individuales o colectivos. Sabíamos que era un reto no fácil para los y las cocinitas y cocineros/as pues había que unir literatura y gastronomía...pero todas las aportaciones son válidas y así podrán verse publicadas en este año 2024 en ese libro solidario con el pueblo saharaui resultante de dicho certamen. El fallo del jurado dio como resultado tres recetas maravillosas con tres historias extraordinarias. El encuentro desarrollado en Montalbán de Córdoba con medio centenar de participantes también nos dejó un buen sabor de boca, con el esfuerzo que los participantes hicieron viniendo de Mieres, Vigo y otras partes de Andalucía.

Tal es así que habrá otro encuentro en un futuro no muy lejano porque la gente cuando prueba la literatura de MVM se hace muy de Montalbán.

AGRADECIMIENTOS

Queremos agradecer la generosidad de Daniel Vázquez Sallés y Anna Sallés por contribuir sin paliativos a rememorar y dar presencia a la vida y obra de Manuel Vázquez Montalbán.

Y muy especial a mi familia que me ha acogido en estos días en la casa familiar de Hospitalet de Ll.

Y un agradecimiento sincero tanto al director de la Fundació Cipriano García – CCOO de Catalunya: Marc Andreu Acebal; como al director de l'Arxiu Històric de CCOO de Catalunya: Juan Manuel García Simal, que me abrieron sus puertas con cariño y animosidad. Además de tener una cuidada colección del periódico Treball.

Por último y por eso los dejo al final para que quede como colofón, mi agradecimiento infinito a Anna Noguer por su estupenda traducción y a Manuel González por su diligencia y activismo más que demostrado con el apoyo en la edición y supervisión del trabajo. Y a Edu Navarro, gracias por apoyar el proyecto desde su inicio.

Joaquín Recio Martínez, escritor, editor e investigador
En Hospitalet de Ll., 23 de marzo 2024.

Teoría y práctica

(artículos en Treball de 1978-1981)

MANUEL VÁZQUEZ MONTALBÁN

La patraña de la oposición

Uno de los fenómenos culturales más sorprendentes de la historia de la cultura desde que el hombre inventó la rueda es el éxito de los libros de Vizcaíno Casas, convertidos en superventas dentro del raquítico mercado nacional. Sorprendente porque a nivel literario son auténticas bazofias, porque ni tan solo se pueden considerar graciosos, y, finalmente, porque se apoyan en una pequeña colección de pequeños tópicos mangoneados con pequeñez. Entonces, ¿por qué el indudable éxito de audiencia del autor de Niñas… ¡al salón! o …y al tercer año, resucitó? Vizcaíno Casas tiene que agradecer al franquismo una penúltima canonjía: poder aprovecharse de la deseducación política generalizada, tan generalizada que hoy en día, para la inmensa mayoría de lectores de sus obras, Vizcaíno está en la oposición. Es la oposición. Ante la evidencia de que Vizcaíno Casas no se "consensua" con nadie, el lector entra en el juego del nihilismo que propone el autor. Si el lector supiese que el nihilismo de Vizcaíno es reciente, que lo adquirió el 20 de noviembre de 1975 como consecuencia de un destello celestial de verdad revelada, comprendería que hay gato encerrado. Toda la negatividad que el señor Vizcaíno no demostró poseer en vida de Franco la ha adquirido al compás del precario ensayo democrático. Al fin y al cabo, su "no", "nada" y "nadie" se dirige contra la democracia, en una reacción visceral de alguien que se alegraría bastante si el tercer año resucitase de verdad. Por cierto, el plazo está a punto de vencer. En un coloquio, un señor del público planteó a Vizcaíno Casas esta trampa lógica: "Supongo que usted es un demócrata, porque gracias a la democracia puede escribir lo que escribe. Bajo el franquismo, no le habrían dejado". Vizcaíno tragó saliva mentalmente (se puede, está comprobado) y respondió: "Huelga decirlo". Es demasiado suponer. Una lectura en profundidad de los superventas de este autor nos sitúa ante el sarcasmo ideológico de un franquista que, gracias a la vaselina del humor, digiere los tiempos modernos. Para buena parte de su público, se trata de un escritor que dice "no" a todo. Pero las sospechas son legítimas cuando todo el mundo sabe que nunca tuvo un "no", ni uno solo, para el franquismo.

N.º 545, septiembre 1978

Queremos centristas catalanes

Cataluña está a punto de conseguir tener de todo. Ya tenemos obispos catalanes e incluso un Truman Capote catalán (Terenci Moix); en cambio, vamos muy mal de centristas. Por suerte, desde Madrid se han dado cuenta de nuestro déficit y se están esforzando al máximo para compensarlo. Un primer intento fue la constitución de la UCD en Cataluña, y un segundo intento fue su coalición con el CC (Centre Català). Pero a ambos les faltaban catalanes resistencialistas de verdad. Por ejemplo, el señor Güell, del CC, ha adquirido su educación política recientemente, y lo mismo podemos decir de otros líderes del CC que recibieron clases de política y lengua catalana casi la víspera del 15 de junio.

Consciente de este grave problema, la junta directiva de la UCD se ha planteado la necesidad de una audaz política de fichajes de líderes demócratas y catalanistas de toda la vida. El fichaje de Anton Cañellas es el primero de una larga lista de ampliación de la plantilla que puede renovar prácticamente todo el equipo de la UCD en Cataluña. Fichaje audaz y oportuno, porque, si bien Cañellas no es ningún Cruyff, sí es un centrocampista correcto que sube y baja balones con esa anónima eficiencia que solo consiguen esos jugadores que parece que no están en el campo. Durante muchos meses, de vez en cuando, el espectador

25

político se preguntaba: ¿Dónde está Cañellas? Ahora hemos podido comprobar que Cañellas no ha perdido el tiempo. Ha "hecho país" y se ha preparado para conseguir que Cataluña cuente con un centro, extinguido desde que la Lliga perdió las elecciones en los años treinta.

La operación de fondo va dirigida a oponer un bloque centrista a los progresos de la izquierda catalana en las elecciones del 15 de junio. Suárez tenía miedo de que el avance de la izquierda catalana fuera tal que llegase a cruzar el río Ebro, auténtica línea Oder-Neisse de la política peninsular. Suárez tenía miedo porque desconocía, entre otras cosas, que la izquierda catalana es la izquierda más prudente del hemisferio occidental y de parte del oriental. Tanta prudencia también puede ser ilusoria, y es posible que Suárez se pase de frenada al confundir prudencia con pasividad y espíritu de abandono. Es por este motivo que la operación de construir un centro a base de fichajes puede convertirse en un fracaso tan espectacular como el de aquel empresario que quiso resucitar la Lliga a golpe de talonario.

De momento, ha conseguido que todos estemos bastante eufóricos. Queríamos centristas catalanes y ya tenemos uno.

N.º 546, septiembre 1978

El descrédito de los políticos

Ya tenemos un chivo expiatorio de todas las culpas y errores: el político. Hay quien ha esperado este ensayo democrático para descubrir que los políticos no sirven para nada. Bajo el franquismo, en cambio, o bien no había políticos o bien la gente no podía descubrir que los políticos no servían para nada. Antes, Franco era el único protagonista de los chistes. Ahora ha cedido el sitio a una abstracción que a veces se llama "el político" y otras "los políticos". Cualquier retardado histórico está en condiciones de crecer sobre los tacones postizos de sus ataques a los políticos. Cualquier cómico, cuanto más malo mejor, se gana fácilmente las risas del público con la simple mención de los políticos, aderezada con una pizca de picardía. Tampoco es que este servidor tenga una predilección especial por este curioso animal que llamaremos "político". El político es tan temible como necesario, y un buen síntoma de una sociedad democrática es que "el político" o "los políticos" sustituyan al capitán de bandidos y a los bandidos. Siempre es mejor vérselas con un político, por muy bandido que sea, que con un bandido, por muy político que sea. La campaña actual de desprestigio de los "políticos" se entiende después de cuarenta años de falso apoliticismo imperante. Pero es grave que, en el contexto de deseducación política generalizada, la campaña contra "los políticos" se convierta en una campaña de desprestigio de "la política". Esto es peligroso porque conlleva el germen de la tesis fascista de estar por encima de los partidos. Cuando se proclama la necesidad de estar por encima de los partidos, lo que ocurre es que se quiere imponer un Partido Único. Y cuando se insiste demasiado en el descrédito de los políticos, es que se quiere dar todo el crédito a un dictador providencial. Los más mayores recuerdan que cuando se proclamó la República prosperó una campaña parecida de burla generalizada de los políticos y la política. El 18 de julio de 1936, esa campaña se convirtió en una sonrisa helada en la cara de un país que descubría de repente la saludable distancia que hay entre la política, con todos sus tejemanejes, y el asesinato, con toda su claridad de intenciones.

N. 547, octubre 1978

Señas de identidad

El discurso que ha pronunciado recientemente Enrico Berlinguer promete levantar ecos incluso entre las rocas y las calaveras del comunismo occidental. Se pueden hacer muchas lecturas de este discurso, pero la principal es la de la recuperación de las señas de identidad del movimiento comunista en los países occidentales. Entre las exageraciones más recientes (en otro tiempo habría escrito "errores"), cabe destacar la de pedir perdón por haber nacido y la de añorar el seno materno de la II Internacional. Los partidos comunistas no nacen por capricho de una minoría, por el azar de la historia ni por la simple imitación de la Revolución de Octubre. Nacen como una necesidad instrumental de la clase obrera, y su razón de ser en la actualidad sigue siendo esta necesidad instrumental de la clase obrera y del conjunto de las capas populares.

Los partidos comunistas son instrumentos de transformación social con un doble tiempo de actuación histórica: a corto plazo, con su incidencia en lo cotidiano, pero sobre todo a largo plazo, por su visión finalista de los procesos históricos. No son partidos de velocistas, sino de corredores de fondo. Bajo la dominación fascista no han sido los únicos resistentes heroicos, pero sí los más capaces de dar una respuesta sistemática y adecuada a cada circunstancia histórica. Una vez superado el fascismo, la identidad resistencialista ha corrido el riesgo de convertirse en una identidad crítica, meramente testimonial, como si se redujera su función a la del Pepito Grillo de la democracia burguesa. La larga marcha hacia el partido de masas conlleva el riesgo opuesto: el frenesí por la historia fugaz, la angustia por subirse al tren del poder antes de que la muerte nos deje frustrados en la estación de cercanías. Los partidos comunistas han vivido, viven y vivirán siempre entre el drama de ser un grupúsculo bunquerizado y la comedia de ponerse la camisa blanca con iniciales socialdemócratas. Están condenados a vivir con esta tensión y hacer de ella un punto de referencia para no perder el sentido de la orientación histórica. Con tal de evitar la bunquerización testimonialista, se tienen que convertir en partidos de masas e incidir en ellas. Con tal de evitar el travestismo socialdemócrata, deben conseguir una tensión militante que vaya más allá de las conjeturas electorales y de los pequeños beneficios politicistas de todas las mañanas. La seña de identidad fundamental de un partido comunista es una forma de militancia en relación con un proyecto histórico en el que no tiene sentido la prisa del oportunista.

N.º 548, octubre 1978

30

¿Solo los comunistas?

Se ve que solamente los comunistas llevamos la historia a cuestas, como los caracoles. Al menos esta es la pretensión de otras fuerzas políticas que siempre están dispuestas a reprochar la posible complicidad de los comunistas en la conspiración entre Eva y la serpiente en el Paraíso Terrenal. No hace mucho se planteó la difícil cuestión de la oposición del Partido Comunista Francés al ingreso de España al Mercado Común. En unas declaraciones, por suerte prudentes, de Antonio Gutiérrez Díaz, se precisaba sobre la similitud de actitudes recelosas y expectativas por parte de la mayoría de las fuerzas políticas francesas. Un diputado socialista replicó las declaraciones de Gutiérrez Díaz mediante un artículo publicado en el Tele/eXpres, un modelo de desvergüenza analítica y amnesia galopante.

Desvergüenza analítica porque el diputado socialista aprovechaba el tema para recordarnos que los comunistas obedecen a ciegas las consignas y todo eso. Amnesia galopante porque el diputado socialista reprocha a los comunistas su incomprensión de la rebelión argelina. Es cierto que hubo incomprensión, pero también es verdad que en algunas fases la represión de la rebelión argelina fue dirigida por gobiernos socialistas franceses o gobiernos donde los socialistas tenían un importante peso específico. Como en Indochina, y por no hablar del intento de ocupar Suez, derribar a Nasser y otras cosas que fue dirigido por un ministro francés de Asuntos Exteriores miembro del partido de Guy Mollet.

No entiendo por qué la buena memoria del diputado socialista solo se aplica al pasado de los comunistas y, en cambio, le falla en cuanto al pasado de los socialistas se refiere. Solo puedo entenderlo en función del presente, en función de sacar una rentabilidad actual a la mistificación total o parcial del pasado. Esto se llama oportunismo. Me parece que el oportunismo es uno de nuestros defectos predilectos. Los comunistas disfrutamos siendo oportunistas, y solo faltaría que ahora los socialistas quisieran arrebatarnos la exclusiva de este placer del espíritu.

N.º 549, octubre 1978

Las malas compañías

En estos momentos todavía no se sabe quién ha roto Alianza Popular, si Fernández de la Mora y Silva Muñoz o el mismísimo Fraga. Si la han roto los primeros, cabe una explicación personalista: mala carrera política han hecho e iban a hacer Fernández de la Mora y Silva Muñoz a la sombra de Fraga. Más que un problema de principios, es un problema de realización personal, porque tanto Fernández de la Mora como Silva Muñoz tienen orígenes liberales, contrarrestados después por una política oportunista de extrema derecha. Un error de marketing que siempre están a tiempo de corregir.

Si el responsable de la ruptura ha sido Fraga, es porque persigue objetivos a corto plazo (desprenderse de compañeros de viaje molestos) y a medio plazo: constituir la tan agitada Nueva Mayoría. Esta es la jugada más confusa del terreno de juego actual de la política española.

Es como si un sector de la oligarquía, no contento con los inmensos servicios prestados por la UCD, necesitase una alternativa, bien para conquistar el poder en términos absolutos, bien para crear una fuerza de suficiente envergadura como para marcar a la UCD. Por ahora, la única posibilidad de desplazar el partido gubernamental se basaría en una retirada de confianza del Rey, y no hay motivos suficientes para ello. Lo único que le ha salido mal a la estrategia reformista es la cuestión vasca, y eso le hubiera pasado igualmente a cualquier fuerza política en el poder, por mucho Fraga que hubieran tenido en el Ministerio del Interior.

Un Fraga divorciado de unos compañeros de cama tan indigestos se puede lanzar otra vez a recuperar credibilidad democrática, aunque ya ha perdido para siempre la posibilidad de ser jefe de gobierno por caminos democráticos normales. Fraga no perdió esta posibilidad durante el franquismo, sino durante su colaboración con el gobierno de Arias y en el transcurso de la campaña electoral. Grave problema para un "animal político" que tiene más ínfulas que Napoleón y menos poder que Carrillo. Convencido desde la infancia de que la Política es el arte de las cosas posibles, por culpa de una aplicación excesiva de este principio teórico y por culpa de las malas compañías, Fraga ha atravesado el espejo y ha llegado a ese tipo de situación en la cual la Política es un arte imposible.

N.º 552, septiembre 1978

La batalla de las cifras

Contar a ojo es uno de los peores riesgos políticos que se corren. Cuando Blas Piñar convocó una manifestación contra la Constitución disfrazada de manifestación antiterrorista, los recuentos de manifestantes oscilaban según quién los hubiera hecho. Desde los 300.000 censados por una policía interesada, Dios y Martín Villa sabrán por qué, en que fueran muchos, hasta el censo de 50.000 que hizo la prensa más progre, tenemos toda la escalera de subjetividad bajada a un ritmo vertiginoso. Ahora bien, se ha contado a ojo de buen cubero la participación nacional en la manifestación antiterrorista convocada por las fuerzas democráticas. Los organizadores hacen mal en establecer balances excesivamente positivos del éxito de la convocatoria. Madrid es la única comunidad del Estado que de verdad está sensibilizada con la cuestión terrorista, y lo demuestra su capacidad de sacar a la gente a la calle para la manifestación de derechas y para la de izquierdas. Pero el conjunto de la sociedad española ha demostrado que, si bien le preocupa el terrorismo, no le preocupa la suerte de la democracia. Esta despreocupación puede ser positiva o negativa. O porque la creen consolidada e irreversible, o porque les da igual. Se ha insistido tanto en el riesgo de involución derivado de la desestabilización que, finalmente, hemos llegado a la mitad del relato de Pedro y el lobo. Tantas veces se ha alarmado de que viene el lobo, que en estos momentos son muy pocos los que creen en la posibilidad de que el animalito baje de las montañas o se lance a la caza. Es una disposición desarmada peligrosa, pero sería suicida ignorar qué sucede o pasar el expediente al capítulo del falso desencanto estimulado por cuatro terroristas del espíritu y media docena de pasotas desganados. La prueba del referéndum servirá para demostrar hasta qué punto existe un desinterés democrático o que la gente tan solo separa democracia de terrorismo y no ve en el segundo la causa del hundimiento de la primera. Si fuera así, se comprobaría que la sociedad española ha entrado en esa situación en la cual la excepción se acepta como una sombra de la regla, y el terrorismo como una sombra de la democracia. La gente prefiere este equilibrio del terror al terror desequilibrado de estar todo el día con la nuca en tensión para ver si caen las famosas espaditas de Damocles.

N.º 553, noviembre 1978

Sobre la propaganda

El tema de los medios de comunicación de los partidos políticos está de moda. El diario Mundo Obrero ha venido y nadie sabe cómo (que Machado me perdone la licencia periodística y la traducción), y el Comité Central del PSUC trató el tema de sus propios medios de comunicación. El tema es oportuno. Los partidos de masas necesitamos canales internos de comunicación, así como canales externos. Los internos deben tener un carácter vinculante para evitar el desapego en la base en tiempos de crecimiento y de relajamiento de la tensión de la clandestinidad. No es el único elemento de vinculación, pero sí uno de los más importantes.

Los canales externos de comunicación deben proyectar la imagen del partido en su zona de influencia política y electoral. Un partido, en 1980, no puede renunciar a tener un sistema comunicacional estable, porque se juega su entidad y porque corre más peligro un partido nacional condicionado por la presión de los medios de comunicación estatales. La televisión, por ejemplo, crea una imagen de los comunistas con el PCE como punto de referencia, y no el PSUC. Lo mismo se puede decir de la prensa de circulación estatal como El País o de las cadenas de radio que cubren todo el Estado. El PSUC debe ser cons-

ciente de esta necesidad y tiene que afrontarla con algo más que arte-
sanía y ese optimismo determinista que a veces nos da la apariencia de
Sigfridos invulnerables bañados en la sangre del dragón. Sigfrido, al
igual que Aquiles, también tenía un talón.

Poner en marcha una política comunicacional quiere decir, antes
que nada, ser conscientes de su necesidad y no considerarla un lujo del
espíritu en unos tiempos en los que siempre hay otras cosas que hacer:
campaña por la Constitución, elecciones municipales, generales, y un
largo etcétera. Estos son los retos que debemos afrontar: retos coyunturales. Crear un sistema comunicacional estable es un reto estratégico
de primer orden que merece algo más que sorna y menosprecio de
técnica. Bajo el franquismo, a veces, tuvimos que pedir amnistía usando unas gallinas como medios de comunicación. No es que ahora proponga que creemos un cuerpo especial de gallinas comunicacionales
orgánicas al servicio del Comité Central. Pero sí pido que superemos
los clichés de unos medios de comunicación meramente testimoniales
y propagandísticos. Sería el primer paso para poder hacer lo que hoy
es una propaganda científica. Cualquier propaganda a la que se le ve
demasiado el plumero deja de ser propaganda y se convierte en algo
parecido a rezar el Santo Rosario en familia.

N.º 555, septiembre 1978

38

El PC, ¿para hacer qué?

Hace poco, una prestigiada revista de agitación cultural dedicó un número especial y monográfico al tema de los partidos, aunque habría sido mejor decir que habló del tema "del partido". Al partido comunista le pasa como a la madre: solo hay uno. Entre el conjunto de opiniones sensatas e insensatas reunidas en el kilometraje de argumentaciones, destacan las que insinúan o expresan claramente el fracaso de los partidos comunistas. Nacidos como una alternativa estratégica a la socialdemocracia, el balance de los partidos comunistas cincuenta años después de su constitución sería poco estimulante. Mediante la lucha armada solo han conseguido el poder en zonas localizadas del tercer mundo (Cuba, China, Vietnam), y mediante la lucha política parlamentaria solo están cerca del poder en Italia y Francia. Creo que este punto de vista valorativo se refugia tras unos lentes positivistas, prescinde de una comprensión internacional de los avances revolucionarios dentro del sistema capitalista y omite un análisis en profundidad del papel de los partidos comunistas en las mismísimas entrañas del sistema, en sus metrópolis.

La importancia de un partido comunista en los países occidentales no se tiene que medir de forma cuantitativa. Se pueden dar condiciones históricas que condenen a largos aislamientos e impotencias a determinados partidos comunistas nacionales. Estas condiciones no siempre son insuperables y, evidentemente, los errores históricos cometidos por los partidos comunistas se han pagado, se están pagando y se pagarán. La burguesía es consciente de la importancia cualitativa que a veces se esconde tras la insignificancia cuantitativa de los partidos comunistas y adecua una estrategia de fondo basada en esa importancia cualitativa, no en esta insignificancia cuantitativa. El ejemplo más claro lo tenemos en España. No se mide al Partido Comunista de España por su número de parlamentarios, sino por su significación política, por su fuerza militante y por su lucidez o no en el análisis de la realidad. La capacidad de resistencia del capitalismo no es un descubrimiento científico reciente, pero sí una sabiduría convencional incorporada hace poco en la conciencia militante. Hasta los años cincuenta, los militantes comunistas europeos creían en la posibilidad de ver la revolución en esta vida. Los militantes comunistas van asimilando con madurez que es probable que la revolución, tal y como se ha entendido históricamente, no tenga lugar en el epicentro del sistema y sea necesario esperar que las condiciones maduren en el conjunto del sistema capitalista para avanzar de forma sustancial. Esta madurez la van adquiriendo los militantes. Pero, curiosamente, carecen de ella quienes se convierten en críticos implacables del partido, parapetados en sus laboratorios ideológicos o en sus desenganchados vagones perdidos en la vía nostálgica "de aquello que pudo ser y no fue".

N.º 556, diciembre 1978

Podrido y bien podrido

Se ha hecho escasa justicia a Kissinger, el hombre que puso por escrito lo que el sistema capitalista ponía en práctica sin decirlo. Kissinger convirtió en un método constante de análisis el planteamiento básico de la guerra fría y extrajo del lenguaje armamentístico la expresión clave para significar su metodología: "disuasión mutua" (mutual deterrence). Desde el plano de la política interior hasta el cósmico, pasando por los conflictos zonales, cualquier problema pedía la aplicación del principio de la "disuasión mutua"; es decir, si los antagonistas del sistema capitalista se pasaban de la raya, sabían que tendrían que enfrentarse a una dura respuesta del sistema, y viceversa. En el fondo del fondo, la pugna fundamental entre los EUA y la URSS como cabezas visibles de la contradicción fundamental. Este lúcido estratega afirmó en cierta ocasión que para resolver un problema hacía falta empeorarlo. Y no solo lo dijo, sino que también lo hizo. Su táctica en Vietnam fue complicar las cosas y, cuando todo llegó al borde del abismo, entonces se resolvió. Intentó lo mismo en Oriente Medio, pero fue cesado antes de comprobar si su planteamiento era correcto. Erre que erre, la estrategia de Kissinger sigue siendo la del Departamento de Estado; he aquí los casos de Irán y Nicaragua para comprobarlo. El problema ya se había planteado hacía tiempo y la única salida era evidente: una alternativa democrática pactada con el apoyo exclusivo de Washington a Nicaragua y con el aval de Washington y la URSS en Irán. Frente a esta solución, los intereses encastillados de las oligarquías en el poder, situadas a la defensiva y con progresiva conciencia de que el señor de Washington intenta relevar su equipo dirigente, intenta encontrar fuerzas defensivas de refresco. Ante este encastillamiento, Washington adopta la doble medida de dejar que el conflicto se pudra y de trabajar en paralelo en la búsqueda de un equipo dirigente de reserva, quizá menos incondicional que el de antes, pero, fundamentalmente, adicto a la supervivencia del sistema. Por el camino, miles y miles de muertos. Qué más da. Los muertos son puros datos masticados por las mandíbulas de las grandes computadoras. Sería bastante interesante saber cuál es la estrategia de Washington en el caso español. Tan pronto como olemos a podrido, empezamos a pensar que Washington esperará que esté podrido y bien podrido. De momento, no huele mucho. Pero tenemos que estar prevenidos.

N.º 557, diciembre 1978

El libro donde todo está escrito

En el libro del destino todo está escrito, piensan y dicen los fatalistas. A veces he usado esta imagen poéticamente pensando en los ficheros policiales, pero mi imaginación poética se ha quedado corta ante la realidad. El señor Martín Villa dispondrá de una máquina infernal de control de ciudadanos en la que todo estará escrito. En teoría se trata de una máquina ordenadora urgida para la lucha contra el terrorismo, pero en la práctica será un instrumento de control colectivo parecido al que se ensaya o se practica en las "democracias avanzadas".

Más aún. En el futuro no habrá "democracia avanzada" que presuma de ser "democracia" y "avanzada" que no tenga un sistema de control de todos y cada uno de sus súbditos. Una maldición histórica planea sobre todos nosotros: a mayor permisividad, mayor control; a mayor libertad, mayor vigilancia. Los amos de la Historia aceptan las libertades fundamentales como mecanismos de integración, no como mecanismos de transformación. Son males menores que tienen su contraindicación médica y que requieren una televigilancia muy severa. El control de la correspondencia o del teléfono no es suficiente. Además, necesitamos este "libro donde todo está escrito", esta máquina infernal donde todos entraremos convertidos en ficha, en cuya memoria quedaremos, con todos nuestros rasgos físicos e intelectuales. Por ejemplo, ese artículo de Treball figurará en esa máquina y constará como prueba de que llevé mi crítica al sistema hasta las fronteras del anarquismo.

¿Defienden la democracia o se defienden de la democracia? Desde mi época estudiantil sospecho que Martín Villa no es tan siquiera un fascista, sino un superviviente correoso dispuesto a salvarse de todos los naufragios concretos y del naufragio abstracto en los excesos de la libertad. Así eran esas cabezas y cabecillas del SEU que, en voz alta, pronunciaban discursos trascendentales o se convertían en testigos de la policía en juicios contra estudiantes y, en voz baja, construían puentes subterráneos hacia la oposición universitaria. Con el tiempo se han vuelto garantes de un sistema por el procedimiento de ampararse de sus garitas de vigilancia.

Y ahora, la máquina. Esta máquina total donde mis dedadas incluso huelen a la mandarina que me acabo de comer.

N.º 558, diciembre 1978

44

Mitos y realidades

Los mitos se crean y cuajan en épocas en las que la realidad está sometida a todo tipo de oscuridades. Los mitos clásicos sustituyen la debilidad instrumental que el hombre tenía para captar la realidad. La inmensa mayoría de los hechos de su vida y su historia parecían efectos de causas sobrenaturales y, por tanto, no eran del todo explicables. Bajo el fascismo se crea una orfandad parecida a la que sufrió el hombre hasta siglos recientes, en los cuales el desarrollo de la razón como instrumento de conocimiento y de la información como medio para descubrir la realidad eliminó el papel del mito y de la superstición. El fascismo devuelve al hombre a su caverna del no saber, del no enterarse, y es lógico que bajo su poder la realidad permanezca oculta o usurpada, y que mitos y supersticiones recuperen su razón de ser. El fascismo casi ha desaparecido de entre nosotros y ha sido sustituido por una democracia controlada en régimen de libertad vigilada. De repente, el juego social y político se ha racionalizado y la información aporta datos sobre todo lo que ocurre, con suficientes contrastes como para que nada o casi nada quede oculto. Son, pues, malos tiempos para los mitos y las supersticiones, que en su día incluso pudieron jugar un papel positivo como alimento de la esperanza en la larga resistencia contra el fascismo. La realidad está aquí, y en el terreno político y social se tiene que asumir con todas sus consecuencias y con todas las desmitificaciones posibles. Y mucho más ahora que se pone en marcha la normalidad democrática tras el período excepcional de la búsqueda de un "consenso preconstitucional". La realidad democrática es esto: este cínico y lúcido forcejeo cotidiano entre fuerzas políticas y sociales que buscan reajustes progresivos (para las fuerzas progresivas). A partir de ahora, los intereses de clase tendrán una encarnación política más clara en los partidos y los militantes debemos mentalizarnos de que protagonizamos una larga lucha llena de altibajos y de que hay que conseguir que sea lo menos dramática posible, porque la reacción siempre dispara primero y, a corto plazo, vence, aunque a la larga pierda. El mito de la Ruptura nos costó un choque duro con la realidad de la Reforma. El mito del consenso no debe ser sustituido por un choque duro contra la realidad de la lucha de clases.

N.º 559, diciembre 1978

El baile de las encuestas

Por si no hubiera habido suficientes signos en el cielo y en la tierra, el baile de las encuestas anunciaba los seísmos electorales del primer tercio de 1979, año del jubileo electoral. Yo negociaría con el Vaticano un acuerdo para que cualquier español que no se abstuviese en ninguna de las elecciones convocadas fuese premiado con unas indulgencias plenarias de las de antes de la guerra de Corea; unas indulgencias plenarias sólidas, hechas a mano, de las que no se pegan y rinden más.

En todo el mundo, las encuestas se han convertido en un instrumento propagandístico y han perdido la neutralidad informativa. La encuesta no sirve solo para conocer un estado de opinión, sino también para proponer un estado de opinión: "Esto piensan las mayorías. ¿Quieres ser mayoría o minoría?". La tendencia a no desentonar propicia tomar partido por la causa de la mayoría. Son especialmente pintorescas las encuestas destinadas a saber cuál es el político más popular, más conocido o menos conocido. Dime quién encarga la encuesta y te diré quién gana.

El partido político más bregado en la instrumentalización de las encuestas es la UCD. Tiene a su disposición un elevado presupuesto para recorrer a los encuestadores privados y, además, cuenta con los servicios de sondeo de la opinión pública que dependen de los organismos oficiales.

Todo el mundo sabe que Suárez lleva el pragmatismo político al límite de actuar según el rumbo que le marcan las encuestas secretas, igual que Tiberio se regía por las premoniciones de los augures después de examinar las vísceras de las bestias sacrificadas. Suárez conoce al día el estado de opinión generalizado y, según sus datos, las elecciones generales son totalmente inoportunas para la causa de la UCD. El misterio de por qué Suárez, por una vez, ha prescindido de las encuestas habría que buscarlo en los pasillos de palacios de hadas o de brujas. Todavía hay en España pasillos palaciegos más poderosos que las encuestas, y se puede pedir a un jefe de gobierno: "¿Me concedéis esta encuesta?". Y se le saca a bailar, tanto si le gusta como si no.

Nº 560, enero 1979

Unitarismo

La próxima convocatoria electoral se convierte en una prueba de la unidad de las fuerzas políticas progresivas catalanas. Esta unidad es un caso único en la totalidad del Estado español, y ha sido posible gracias a dos factores fundamentales: el objetivo de reconstrucción nacional y la composición social de las bases de los partidos catalanes "unitarios". El primer factor es obvio. El segundo admite un buen número de matices. Las bases de las principales fuerzas políticas progresivas catalanas proceden de las llamadas "clases populares", con un contenido mayor de pequeña burguesía acomodada en Convergència y un contenido determinado de obreros en el PSUC.

Este amplio espectro social está comprometido con un proyecto nacional catalán progresista, y este compromiso lo ha adquirido por sus propios intereses de clase. En este objetivo nacional subyace un modelo de sociedad democrática avanzada en torno al cual deberán ponerse de acuerdo socialistas, comunistas y "convergentes", porque este modelo de sociedad interesa a la inmensa mayoría de las clases populares de Cataluña. A veces se crea la impresión de que esta óptica catalana del asunto no se termina de entender desde la óptica centralista de los partidos estatales y estatistas. El "unitarismo catalán" ha sido hasta ahora un "hecho diferencial" más, condicionado por el hecho diferencial fundamental. Poner en peligro este unitarismo por culpa de una supuesta estrategia de Estado puede traducirse no solo en una estrategia equivocada, sino también en una ceguera, voluntaria o no, en cuanto a las necesidades históricas de Cataluña. Este tipo de ciegos abundan en Madrid, pero hasta ahora no habían aparecido en Cataluña. Empieza a avistarse alguno y hay que temer la existencia de una importación de ceguera condicionada por una estrategia estatista. En Cataluña no hay problemas de reajuste de mercado electoral, o al menos este problema no existe para los comunistas catalanes, que nunca han demostrado el más mínimo nerviosismo por los robustos porcentajes electorales de socialistas o convergentes. En el caso catalán, la política unitaria es algo más que una estrategia de partido: es una necesidad objetiva, derivada de unas condiciones de "física política" y de "habas contadas". La simple idea del unitarismo roto repugna al conjunto del pueblo catalán, que había incorporado en las bases de su sabiduría política el principio de que el proyecto nacional popular está por encima de cualquier puente aéreo.

Nº 561, enero 1979.

Prensa de partido

Durante algunas semanas, la Comisión de Medios de Comunicación del Comité Central ha trabajado sobre el tema de Treball y ha llegado a la conclusión previa de que la prensa de partido solo es viable con el apoyo, en primera instancia, del conjunto de sus militantes. En épocas de clandestinidad, este apoyo es innegable, porque el periódico clandestino es un eslabón simbólico y real, un eslabón entre cada militante clandestino y "el Partido", y un eslabón material porque el periódico transmite consignas y se vuelve un instrumento de organización. Cuando llega la legalidad, los periódicos clandestinos tienen que cumplir la ley fundamental de cualquier medio de comunicación: ser necesarios. A pesar de todo el voluntarismo de gestión con el que se envuelva un periódico de partido, si su lector potencial no lo necesita, el periódico se convierte en candidato para el museo arqueológico del periodismo político. El público de un periódico de partido es, en primera instancia, su militancia, seguida de simpatizantes y votantes. Después hay que censar un pequeño núcleo de "fisgones", interesados en conectar de vez en cuando con lo que dicen los partidos a través de sus medios de expresión.

Pero la relación que se suele plantear entre público y periódico no sirve para un órgano comunista o socialista. El público, en este caso, pide algo más que un servicio informativo más o menos bien suministrado. El público pide identificación y participación; es decir, ver su imagen reflejada en las páginas del periódico y de alguna forma poder convertirse en protagonista y agente de información. El periódico de un partido comunista puede fracasar si limita sus temas informativos a lo que dicta el mercado y si limita su control al de los órganos centrales de dirección. Tiene que conseguir "otra información" condicionada por una jerarquía de valores comunicacionales progresivos y a la vez debe demostrar que es un canal imprescindible para las necesidades comunicacionales de militantes, simpatizantes, votantes y fisgones de la otra orilla. El problema de "la otra información" está suficientemente estudiado y afrontado por la prensa de izquierdas europea. Lo que no está tan estudiado ni afrontado es la segunda condición. Los periódicos de partidos comunistas deben abrirse a todo lo que interesa o preocupa a sus lectores, y deben hacerlo sin perder el control sacramental del medio. Cuando hay que tratar los temas propios, funciona un poder ocultista derivado de la tradición cultural estaliniana y de las necesidades reales de la supervivencia clandestina. O los militantes, simpatizantes y votantes se sienten como en casa entre las páginas de su periódico, o el periódico fracasa y sobrevive como una hoja diocesana del Comité Central. Para que no se dé esta situación, los periódicos de partido tienen que dar el primer paso y proponerse como territorios abiertos al conjunto de su público, y el público, y antes que nadie los militantes, debe empujar primero para abrir las puertas y después para hacer suyo el periódico y corresponsabilizarse de su éxito.

N.º 563, enero 1979

Todos los caminos llevan a la UCD

La prohibición de usar las instalaciones deportivas como marco de actos electorales es una medida más a añadir al círculo electoral que la UCD está trazando alrededor del pueblo español. Primero convoca las elecciones a su conveniencia, práctica habitual de los partidos en el poder en todas las democracias. Pero acto seguido empieza a gobernar de forma demagógica y se saca de la manga una escondida "generosidad" hacia las clases pasivas y una no menos escondida energía hacia el terrorismo. Por si no era suficiente, los chicos de la extrema derecha pierden la cabeza y asaltan la facultad de Derecho de Madrid. ¿Un regalo para el gobierno? ¿Un regalo prefabricado? La verdad es que el gobierno detiene casi treinta ultras y demuestra que está en plan centinela, alerta tanto con ETA como con los GRAPO o los chicos de la patulea fascista.

Pero no solo desde el ejercicio del poder se puede condicionar el voto. También se puede condicionar usando este poder para reducir la capacidad de movimientos del adversario. El decreto contra el uso de las instalaciones deportivas se dirige contra los únicos partidos políticos capaces de convocar a las masas, y estos partidos son los de izquierdas. El gobierno piensa compensar al PSOE otorgándole este

53

papel de príncipe bis del bipartidismo que Radio y Televisión españolas le están concediendo, o poniéndole trampas publicitarias como la desdichada rueda televisiva protagonizada por Martín Villa y Múgica Herzog. Tenía razón Alfonso Guerra cuando acusaba a la UCD de impedir el uso de instalaciones amplias para mítines porque el partido gubernamental tendría suficiente con un autobús o un taxi para concentrar su público. La UCD cree que tiene los votos guardados en cada guarida casera donde llega el pienso compuesto de TVE, y que la política, cuanto menos salga a la calle, mejor para sus intereses electorales.

Si la UCD asfixia la campaña electoral de la izquierda, habrá que convertir la denuncia de esta asfixia en una constante acusación de arbitrariedad a un gobierno y a un partido que empiezan a acumular mucha porquería bajo los guantes blancos.

N.º 565, febrero 1979

Vacuna contra el sectarismo

El asunto de Entesa ha puesto a prueba los nervios del sectarismo de comunistas y socialistas de Cataluña. Todos sabemos que una campaña electoral tiene sus propias reglas del juego; reglas que desaparecen el día después de la consulta electoral y el juego político se retoma según el resultado. Pero me gustaría proponer una actitud menos coyunturalista a la hora de juzgar y afrontar el tema de los rebrotes del sectarismo. La lucha por la unidad de la izquierda es algo más que una táctica, algo más que una estrategia de partido. Es el esfuerzo por una evidencia científica: solo es posible el proyecto del socialismo en libertad si se plasma como un proyecto común de socialistas, comunistas, cristianos y, añadiría yo, un importante sector social de automarginados humanistas de izquierdas, que son fuerza social y que lo serán todavía más en los tiempos venideros. Si esto está claro, hay que tener cuidado con lo que se dice y cómo se dice sin caer en la trampa de que la campaña pasa y las palabras se las lleva el viento. Un militante de izquierdas no puede caer en este electoralismo barato y tiene que aprovechar una campaña para formar, para convencer, y no solo sobre un programa, sino sobre una forma de actuar, sobre unos métodos de actuación política.

Las divertidas sacudidas electorales que pueden cruzarse Guerra y Carrillo se justifican en un contexto electoral, pero necesitan la explicación, la insistencia política de que el entendimiento entre comunistas y socialistas es una necesidad histórica inapelable e irreversible. Y esto nos interesa que quede bien claro aquí, entre nosotros, en Cataluña, donde hay una tarea particular sin la cual es imposible la democracia en España y "nuestra democracia" en Cataluña. Esta tarea es la lucha por un proyecto nacional basado en la hegemonía de las clases populares. No vayamos a crear un clima de difícil entendimiento futuro por la disputa de cien o doscientos votos. Hay frases brillantísimas que cuestan una amistad y hay frases brillantes y aplaudidas con ganas que pueden convertir una alianza real y profunda en un lío de convivencia, mucho más triste todavía que un matrimonio de conveniencia.

N.º 566, febrero 1979

Eurocomunismo y leninismo: fantasmas de papel

El día después, como quien dice, de las elecciones generales, un comentarista político barcelonés de un diario de la tarde atribuía parte del retroceso del PSUC en algunas zonas del Barcelonés a la "supervivencia de un aparato leninista" impuesto como una cotilla sobre los pechos del eurocomunismo. (Esto de los pechos es cosa mía). Renacía así el fantasma de un ya viejo debate que la práctica política había integrado. Renacía en un momento en el que no servía ni para explicar la pérdida de un voto, porque este debate no había gravitado ni dentro ni fuera del partido durante todo el proceso electoral, ni había grabado imágenes positivas ni negativas en la memoria del electorado.

Era, pues, una resurrección artificial que sonaba a interés por recuperar un espectáculo camp. Ya se sabe: Bella Dorita, los pantanos, los Beatles y el debate entre leninistas y eurocomunistas. Y si no era esto se trataba, entonces, de dar la lata al corredor que salía de la carrera electoral diciéndole: "No descanses. Todavía tienes por delante cuatrocientos metros vallas euroleninistas". Al PSUC ya no le quedan debates del pasado. Tiene por delante debates de futuro, muy duros, muy conflictivos, pero alineados en un inexorable camino de avance hacia el nuevo modelo de instalación de un partido comunista en esta provincia del imperio capitalista mundial llamada Europa. El punto de referencia de la identidad del PSUC no es el combate a muerte entre eurocomunistas y leninistas, sino el debate dialéctico sobre la nueva identidad revolucionaria de un partido comunista. Un partido que quiere gobernar sin caer en la trampa socialdemócrata de administrar correctamente los intereses capitalistas. Un partido que quiere luchar empujando los procesos de transformación sin colocar la reacción en el disparador de la violencia antidemocrática. ¿Cómo se va hacia el socialismo con un pie en las instituciones y otro en la calle? La respuesta a esta pregunta no implica solo una línea política, sino también un modelo de instalación social comunista: un partido organizado para la lucha electoral, para la negociación superestructural, pero también organizado para hacer que las masas participen en el forcejeo cotidiano con el sistema.

Este es el debate de futuro y no es exclusivo ni de euros ni de leninistas. Es un debate que afecta al conjunto del PSUC y que, si encontramos respuestas, hará que se disipen fantasmas de papel.

N.º 570, marzo 1979

Un retrato de Gutiérrez Díaz

Tal vez la seña de identidad más destacable de los que nos incorporamos en la militancia del PSUC a inicios de la década de los sesenta fue la lucha por la democracia interna y el enfrentamiento con las formas supervivientes del estalinismo. Creo que muchas veces nos pasamos, en esta crítica, pero que el balance histórico de nuestro forcejeo es positivo. Hoy en día, el PSUC es lo que es en parte gracias a haber sido el partido comunista dentro del Estado español que más pronto y en mayor medida ha superado la concepción estalinista del poder y del aparato. La lucha contra el culto a la personalidad es fundamental y es necesario contar con mecanismos de alarma para detectar rebrotes de poder personal. Pero un comunista no puede extremar este celo necesario hasta el punto de caer en un menosprecio anarquizante del líder. Los líderes son connaturales con la dirección del movimiento obrero y con la estrategia revolucionaria. Importa, desde luego, que el líder no se ponga de espaldas a los que le siguen, movido por instintos mesiánicos o investiduras providenciales. Un partido no se tiene que arrodillar ante sus líderes, sino identificarse con ellos. Esta reflexión la suscribo después de la lectura de una excelente entrevista de Montserrat Roig a Antonio Gutiérrez Díaz publicada por el semanario La

Calle. Yo creo que es una entrevista de lectura obligada para todos los militantes del PSUC y para todos los militantes de los partidos comunistas del Estado español. Gutiérrez Díaz hace un inmenso favor al partido prestándose a aportar una imagen polivalente de lo que hoy es y debe ser un secretario general de un partido eurocomunista. Nos habla de sus seguridades e inseguridades, de sus certezas e incertidumbres, del Huerto de Getsemaní y del Gloria in excelsis Deo que caracteriza la vivencia política día a día. Al leerle, nos reconocemos en él. Propongo esta lectura no para estimular una innecesaria entronización de Gutiérrez Díaz bajo palio, sino precisamente para todo lo contrario. Para que valoremos la imagen de un dirigente comunista que sabe algo fundamental: que no lo sabe todo. Para que valoremos un tono de militancia y de poder, una manera de ser comunista con todo el estalinismo detrás de sí y toda la esperanza y la aventura revolucionaria por delante.

N.º 572, marzo 1979

60

Telemanipulación Española

La victoria global de la izquierda en España, pero especialmente en Cataluña, ha sido un escándalo político. Y lo ha sido sobre todo por los afanes ocultistas demostrados de nuevo por Televisión Española. He aquí la madre de los huevos. Sin Televisión Española, la UCD no habría existido, y su plana mayor estaría pegando sellos en los sótanos del poder.

El resultado de las elecciones municipales hace patente que cuando el pueblo es telemanipulado y puede elegir entre rostros, nombres y programas conocidos y cercanos, elige bien. Pero cuando Televisión Española hace ofertas políticas como si anunciase detergentes o limones salvajes del Caribe, entonces la grave desinformación política de la que adolece este país, por obra y gracia de cuarenta años de franquismo, repercute en unos resultados electorales que parecen más bien el resultado de un concurso de belleza entre Robert Redford, Jack Nicholson y Alain Delon.

En pleno clima abstencionista, el PSUC ha visto cómo aumentaban sus votos. En las elecciones de marzo, el PSUC pagó las consecuencias de una política de Estado no siempre en consonancia con su estrategia nacional catalana. Ahora, el PSUC ha recuperado y ganado votos porque ha vuelto a aparecer ante el pueblo catalán como un partido instalado gracias a la lucha y con suficiente potencial para gobernar y ayudar a dirigir en sentido progresivo la larga marcha hacia el proyecto nacional catalán, hacia la reconstrucción catalana basada en e impulsada por el conjunto de las clases populares. Esta imagen del PSUC había quedado sepultada por horas y horas de propaganda política televisiva estatal biodegradante con hexaclorofeno y compresa higiénica adherente y todo.

Cuarenta y ocho horas después de las elecciones, cuando la paliza recibida por la UCD era ya un clamor popular y periodístico, los responsables de Televisión Española seguían insistiendo en que la UCD tiene más regidores que los demás. Para lo que le van a servir, más vale que los conserve con bolas de naftalina mientras esperan mejor ocasión. En la calle se sabía la verdad oculta. Y este divorcio entre calle y televisión tiene que ser una evidencia que estimule el "talento" de nuestros políticos para que por fin arremetan dialéctica y políticamente contra el enemigo público número uno del pueblo español: Televisión Española.

N.º 573, abril 1979

Borrell

Uno de los máximos dirigentes de Convergència i Unió, el señor Borrell, ha hecho la declaración política más pintoresca de los últimos tiempos. En un corto pero intenso "viaje" por el túnel del tiempo, el señor Borrell se ha plantado en los años cuarenta y ha sugerido la conveniencia de que convergentes y socialistas se pongan de acuerdo para gobernar los ayuntamientos, y que el PSUC y la UCD asuman el papel de partidos de la oposición. El PSUC por la izquierda (muy agradecidos, señor Borrell), y la UCD por la derecha (el señor Borrell tiene las cosas claras). Cada partido hace sus cuentas y actúa en consecuencia. Por lo que parece, a Convergència i Unió no le interesa un compromiso global dentro del "pacto de progreso" propuesto por los socialistas y pactará según le convenga en cada municipio. Convergència i Unió ha demostrado que sabe ayudarse solita y que puede superar todas las conspiraciones dirigidas en su contra. Cualquiera diría que parte de estas conspiraciones vienen de fuera y que otras nacen desde dentro. Pero la verdad es que los convergentes han rehuido las zancadillas ucedeístas y están en condiciones de garantizarse la hegemonía centrista en Cataluña. Convergència es un partido enraizado en Cataluña y debe este enraizamiento a la tradición de lucha que puede presentar casi toda su plana mayor. Repito el "casi" porque a veces tiene una importancia determinante haberse subido al tren de la oposición en la estación de la flebitis franquista del 1974.

El señor Borrell tiene tradición oposicionista. Procede de la democracia cristiana catalana que no quiso pactar con el franquismo y que después no quiso cruzar el Rubicón para llegar a la orilla de la UCD. Fue el señor Borrell quien dirigió la batalla interna de la UCD contra el irresistible ucedeísmo que se amparó de Cañellas. Es decir, el señor Borrell viene de lejos y puede llegar muy lejos. Por eso sorprende mucho más que diga sandeces. Además, su declaración puede interpretarse como una grosería antisocialista. Si el señor Borrell se declara dispuesto a pactar con los socialistas, son menos transformadores que los comunistas. O tal vez no se trata de la manifestación de una estrategia, a veces instintiva, de clase, sino de la ingenua expresión de otro político afectado por la manía persecutoria y aterrorizante ante la perspectiva de que los comunistas vayan a montar tantas guarderías como gulags.

¡Ay, Borrell, Borrell! ¡Borrell de Sentmenat!

N.º 574, abril 1979

64

La guerra civil valenciana

El diputado del PSOE valenciano e historiador, Alfons Cucó, habló de "guerra civil valenciana" al referirse al pleito de la bandera del País Valenciano y al de las nomenclaturas de las calles. Lo cierto es que en Valencia se han aclarado las cosas a la vez que se complicaban. Por un lado, ya queda suficientemente claro que la UCD, en compañía de la extrema derecha, es quien enarbola la bandera del anticatalanismo. Por otro lado, sería falso reducir el problema a una cuestión de "banderas" o de "catalanismo" contra "valencianismo". El problema clave es la instrumentalización del valencianismo por parte de una de las derechas más reaccionarias del Estado, encabezada por la UCD más reaccionaria de todas las UCD habidas y por haber, y mediante esta instrumentalización se quiere bloquear el avance político de la izquierda y bloquear una política municipal progresista.

Desde Cataluña no se puede contemplar con indiferencia el espectáculo de los pogromos de "catalanistas" o los atentados contra Fuster o Sanchis Guarner. Y quien tendría que contemplarlo con menos indiferencia que nadie es el señor Anton Cañellas, una de las cabezas visibles de la UCD en Cataluña y, a la par, cabeza visible a la hora de exigir explicaciones por el comportamiento anticatalanista de la UCD valenciana. Toda la campaña anticatalanista ha sido impulsada por una alianza impía entre ucedistas y ultras, juntitos en el búnker barraqueta.

Cataluña tiene que saber que en Valencia la UCD actúa denunciando el imperialismo catalán. Los catalanes tienen que saber que los políticos catalanes responsables de la UCD son corresponsables del comportamiento de la UCD en el País Valenciano. En Madrid sentían pánico ante la simple idea de un buen entendimiento entre Cataluña, Valencia y las Islas autonomizadas. Se podía ver ahí prácticamente el germen de la nueva operación imperial de Jaime el Conquistador. La repuesta ante este error es este progresivo trabajo de envenenar las relaciones entre catalanes y valencianos; trabajo que, en el fondo, persigue la división y el debilitamiento consiguiente de la izquierda. Un trabajo que esconde mal intereses de clase.

N.º 577, mayo 1979

Archivos

La iniciativa del PSUC de organizar y exponer públicamente su archivo tiene que ser saludada por su interés político general y por el interés particular de la imagen democrática de los partidos comunistas. He dicho "imagen" y no "fachada". La imagen siempre traduce un contenido. La fachada, en cambio, lo oculta.

Durante muchos años, los comunistas hemos tenido que oír una y otra vez que debíamos asumir nuestra historia. Perfecto. Que cada cual asuma su historia y ya harán balance los historiadores. No es una historia difícil de asumir. No hace mucho se han llevado a cabo serios intentos de desprestigio ético de los comunistas y no se han aportado muchas muestras ni pruebas consistentes. Pero en cualquier historia de lucha hay zonas oscuras y zonas oscurecidas, perfectamente asumibles en el conjunto de una historia heroica y clara, dominada por el impulso de conquistar la democracia fuera y dentro de nuestro país.

La apertura del "archivo" tiene que ser una demostración de la apertura del partido, superadas las condiciones objetivas y subjetivas de clandestinidad. En este archivo tiene que estar todo lo que se ha conservado. Este archivo tiene que ser la memoria total del partido: éxitos y fracasos, aciertos y errores, justicias e injusticias, virtudes y vicios. Porque, si no se hiciera así, se insistiría en el vicio del ocultismo falsamente protector y solo justificable en épocas de ocultaciones necesarias. Está bien que se falsifique la vida y la historia de los santos y los beatos, de los caudillos y los reyes. Ya en sí mismos, santos, beatos, caudillos y reyes son falsificaciones. Pero los partidos revolucionarios tienen que convertir su verdad en un instrumento revolucionario.

Muchos se acercarán a nuestro archivo para buscar el trato que recibió el asunto Comorera. Que lo encuentren allí y así tendrá doble mérito que, al mismo tiempo, descubran la historia de más de cuarenta años de lucha por la libertad.

N.º 578, mayo 1979

Comunismo periférico y comunismo de Estado

Durante las semanas que han seguido a la doble convocatoria electoral, no han faltado las reflexiones analíticas sobre los resultados. Por lo que nos afecta cuanto a comunistas, es evidente que hay una crisis de voto comunista en zonas clave de la España periférica, como son el País Vasco, Galicia o las Canarias. Posteriormente, la prensa ha tratado el tema de los reajustes en la línea nacionalista o regionalista de los comunistas aragoneses, vascos, canarios o gallegos. Ha aparecido el fantasma de un comunismo de Estado enfrentado a un comunismo periférico, condicionado por la sensibilidad nacionalista o regionalista de las áreas de su instalación. Sería un grave error caer en la trampa de este supuesto antagonismo, igual que sería un grave error instaurar un comunismo centralista que pasara por encima de las necesidades tácticas y estratégicas de cada realidad regional o nacional.

Si entendemos el papel modificador del Estado que en estos momentos tienen en España las reivindicaciones regionales y nacionales, se evitará el error del centralismo. Pero también sería un error gravísimo que un posible comunismo periférico no tuviera en cuenta una estrategia de Estado. No solo sería un error gravísimo: sería un suicidio histórico, que implicaría dramáticamente al centro y la periferia.

Tiene que haber una interrelación dialéctica entre la adecuación de la estrategia comunista a las realidades regionales y la estrategia de Estado. Sería peligroso que esta necesaria interrelación dialéctica se redujera a un simple oportunismo derivado de una falsa conciencia de coyunturalidad de la "moda" nacionalista o regionalista. Tenemos que dar un salto teórico y asumir la reivindicación de un nuevo modelo de Estado español en el cual las soberanías nacionales y regionales sean instrumentos de transformación social, es decir, sean instrumentos revolucionarios a medio y largo plazo.

N.º 579, mayo 1979

Libertad de ondas

La proliferación de emisoras "libres" es de momento una reivindicación democrática y se ha convertido en un objetivo político. Aquello que caracteriza una cultura avanzada, en oposición a una cultura tradicional, es la proliferación de los centros de emisión de imágenes. El capitalismo monopolista tiende a concentrar los polos emisores de mensajes informativos y culturales porque, de esta forma, garantiza su control: ya sea mediante la concentración y supervivencia de las empresas más fuertes, ya sea por el estatismo de los medios de producción informativa y cultural. La alternativa socialista tiene que ser, pues, todo lo contrario: estimular el policentrismo comunicacional. Estimularlo para debilitar el poder cultural e informativo del capitalismo y para sentar las bases de una progresión democrática basada en la participación. La proliferación de polos de emisión ensancha la posibilidad de que el receptor habitual de mensajes se convierta en emisor, ayuda a romper la barrera entre emisor y receptor, cuestiona la característica "pasiva" de la cultura burguesa: los sacerdotes emiten, los feligreses reciben. Uno de los medios de difusión más idóneos para realizar la experiencia es, precisamente, la radio, a través de una nueva política de ondas que garantiza la audición a zonas limitadas; pero esta rémora cuantitativa de la audiencia se compensa por la calidad de una información comprobable y participativa. Los partidos políticos de izquierdas tienen que contemplar la batalla por las ondas libres como una lucha "fundamental" para conseguir la libertad de expresión. Sería un error limitar la perspectiva a tratar de meter baza al invento. Se dilucida un cambio cualitativo en las relaciones comunicacionales, y hace falta dar apoyo a este cambio porque ahí reside el embrión de una alternativa práctica socialista a la teoría de la libertad de expresión liberal. Las ondas libres serán un apoyo de reivindicaciones y críticas que traducirán actitudes y necesidades de las masas, de modo que no hay motivo alguno para que se enfoquen en un orden comunicacional establecido en manos de la izquierda instalada. Es decir, la cuestión de las ondas libres no es una provocación hacia el oportunismo coyuntural, sino una provocación hacia una reflexión profunda sobre la alternativa socialista a la libertad de expresión.

N.º 584, junio 1979

La crisis

Un mismo día tuve ocasión de recorrer toda la escalera social, como Don Juan Tenorio. Hablé con un taxista asalariado, un pequeño constructor de obras, un empresario del Baix Llobregat y algunas personas que pertenecen al entorno de la aristocracia cultural y profesional de Cataluña. Todos hablaban de lo mismo. La crisis. Esto se viene abajo. Hay que hacer algo. La sensación de inseguridad ya es patrimonio de todo el mundo. Creo que nos salva precisamente que todo el mundo se siente inseguro, empezando por el presidente del gobierno y por los que están en situación de derribar el gobierno, de destruir el Estado. Se nos ha condenado a diez años y un día de inseguridad. Durante el período inicial de la operación Reforma, la inseguridad fue tan controlada como programada. En todas las situaciones de transición, la derecha necesita aparecer como la única alternativa posible al caos. Pero sin excederse. En estos momentos da la impresión de que la derecha ha perdido el control de la inseguridad como elemento disuasivo de la comunidad: por un lado, arroja a los empresarios, de ochocientos en ochocientos, contra el gobierno; por otro lado, arranca el pacto CEOE-UGT para que la situación no se pudra del todo. Pero se extiende el clima de desconfianza, recelo, frustración y casi desesperación.

Las masas se empobrecen cada día que pasa como consecuencia de la subida de precios y empiezan a ser conscientes de que son testigos de algo más que una pesadilla transitoria. Nadie se atreve a pronosticar que estamos asistiendo a la crisis final del sistema capitalista, pero sin duda estamos ante una grave crisis de supervivencia. En condiciones normales, el capitalismo solo podría salir de esta crisis mediante una guerra. Si el capitalismo todavía no elige esta salida es por el factor del exterminio nuclear y por las imprevisibles consecuencias que conllevaría mirando a la hegemonía internacional y la redivisión de zonas de influencia. Tenemos que estar preparados para convivir durante mucho tiempo con la crisis y para saber dar respuesta a posibles derivaciones dramáticas. Tan negativo sería creer que ya estamos en plena tragedia como seguir pensando que esto es el eterno sainete.

N.º 587, julio 1979

Españolismos

La discusión del Estatut de 1932 desencadenó una ola de anticatalanismo que llegó a la agresión personal de algún diputado catalán. Esos años, el estatuto catalán era el peón, y para la inmensa mayoría del país significó la señal de alarma de la desmembración de la patria, según las ideas de desmembración y de patria que la ideología reaccionaria había sabido inculcar en una población patrióticamente instrumentalizada por la oligarquía y los poderes fácticos e ideológicos más tradicionales.

El clima ha cambiado. La larga sangría del pleito vasco y la larga lucha de las fuerzas progresivas catalanas han estado instrumentos de concienciación para el conjunto del Estado: uno traumático, aterrador; otro indesmayable y constante. Pero yo añadiría un factor fundamental para el cambio de clima: el hecho de que fuerzas políticas progresivas instaladas en todo el Estado actúen como avaladoras de los derechos nacionales de Cataluña y Euskadi. Me refiero al PSOE y al PCE, cuyo papel político y didáctico ha sido, es y será inestimable para contrarrestar los rebrotes del viejo y ya barato "españolismo" que suscitará el tema de los estatutos.

Los sectores más reaccionarios del país comparten una "idea de España" con sectores que, en el territorio sociopolítico, no son reaccionarios. La "idea" de una España víctima de la perfidia exterior ha sido rejuvenecida por la de una España víctima de su propia periferia rica y esta idea, hoy día, la comparte gente que mea agua bendita y gente que mea whisky, gente que no acierta ni una en la derecha y gente que no acierta ni una en Esquerra . El replanteamiento del "españolismo" tradicional pasa por la asunción de la realidad de una remodelación del Estado, pasa por los estatutos de autonomía, pasa, en el futuro, por el ejercicio del derecho de autodeterminación. Solo una vez realizado este proceso podremos plantearnos con honradez histórica el sentido de España.

N.º 588, julio 1979

La herencia de Tarradellas

Que nadie se sorprenda demasiado si Tarradellas se convierte en presidente vitalicio de la Generalitat. La ejecutoria de Tarradellas al frente de la Generalitat desde su vuelta del exilio ha servido para devolver al pueblo catalán cierto sentido de la "moral de la Historia". Hoy por hoy, ha sido el único acto de legitimación de la II República. Tarradellas ha encarnado, pues, la recuperación de la razón catalana y el presidente ha inculcado además un principio básico para la reconstrucción nacional de Cataluña: la unidad. Hay quien ve en este unitarismo de Tarradellas una consecuencia del hecho que la hegemonía política catalana la tienen las izquierdas y que solo la unidad permite que la derecha no quede descolgada. Pero la unidad es un valor político objetivo capital en esta etapa de despegue autonómico de Cataluña, sea cual sea la intención de los "unitarios".

Cumplido un importantísimo papel histórico (mantener el calor institucional catalán desde Saint Martin le Beau, dar la imagen de la razón histórica catalana y de su legitimidad, luchar por la unidad de las fuerzas políticas), Tarradellas había anunciado su jubilación política, una jubilación sensata y gozosa porque pocos políticos pueden retirarse con un bagaje más positivo. Pero Tarradellas es necesario para la derecha catalana, que intenta instrumentalizar este bagaje para su provecho exclusivo. La derecha catalana quiere instrumentalizar a Tarradellas para compensar sus déficits políticos electorales.

La derecha sabe que no tiene una alternativa propia a Tarradellas y también sabe que una Generalitat encabezada por Reventós o Benet supondría un importante avance del protagonismo de las clases populares de Cataluña en la construcción del proyecto nacional catalán. Los comunistas creemos que Benet reúne lo suficiente la herencia de Tarradellas: encarna la resistencia nacional sin la más mínima mancha y es un político unitario que estará por encima de los partidismos y no por debajo. Los socialistas van a considerar la propuesta comunista como el replanteamiento de un pulso político que no pueden perder y esta preocupación puede abrir las puertas a una solución Tarradellas, a una reinstauración de Tarradellas como presidente de compromiso. De compromiso… ¿con quién? ¿Contra quién?

N.º 593, septiembre 1979

78

La campaña del Estatut

Los programadores de la campaña del Estatut han asumido el propósito de no usar la demagogia, de hacer una campaña serena, reflexiva, con la creencia de que incluso a nivel publicitario es preferible convencer antes que vencer. Me parece un criterio acertado, siempre que se venza convenciendo.

No es ningún secreto que el sector social más difícil de cara al referéndum es el de la inmigración, sobre todo de la inmigración más reciente. A todos nos trataron de educar en la creencia de que España ha sido una unidad de destino en el hecho universal desde el pleistoceno. Esos conejos que, según los fenicios, caracterizaban España ("tierra de conejos") ya eran conejos unitarios, hispánicos y católicos.

Lo que quiero decir es que una campaña electoral a favor del Estatut tiene por delante no la mala voluntad de un sector de la inmigración, sino toneladas de desinformación, de falsificación histórica de la que estuvimos a punto de ser víctimas incluso aquellos que hemos vivido toda o casi toda la vida dentro de las nacionalidades usurpadas por el centralismo. La campaña del Estatut es una segunda piedra importantísima para construir el edificio de la comprensión del hecho catalán. La primera piedra fue colocada por los grandes partidos de la izquierda catalana que entendieron la identidad que hay entre cambio histórico y reconstrucción nacional de Cataluña. Pero esto son principios y objetivos, y entre los principios y los objetivos habrá un largo camino en el que habrá que vencer convenciendo.

La campaña del Estatut va por estos derroteros. Me parece que se pasa de la raya por prudente y aséptica. Pero doctores tiene la iglesia del marketing político.

N.º 598, octubre 1979

Volved al partido

En el transcurso de la última Conferencia Nacional del PSUC, se hicieron algunas llamadas para que vuelvan a la militancia activa compañeros descolgados durante la larga marcha, desde la nada fascista a la más absoluta pobreza democrática. De vez en cuando, los militantes necesitan escuchar esta voz interior que pide descanso o incluso rechazo. Militar implica una dura gimnasia mental cotidiana; una gimnasia mental que empieza en los ojos, porque todo el mundo tiene dos ojos, pero el partido tiene mil. Los descansos y los rechazos pueden reportar beneficiosas desintoxicaciones del espíritu o viajes espaciales para convertirse en un satélite perdido para siempre en el gran silencio sideral. Y aunque sea un recurso dedicarse al zodíaco y a las maravillas de las cartas astrales, a la protección de los animales y las plantas, a las drogas blandas y a las carnes propicias, o al simple placer del nihilismo que no implica el propio nihilismo, del antidogmatismo dogmático, del esquemático antiesquematismo, del antisectarismo sectario, ni el cuerpo ni el espíritu aguantan durante mucho tiempo la pirueta de la huida de la razón. Al fin y al cabo, la lucha a través de un partido comunista es una garantía de la calidad de la razón. Exigid la etiqueta de garantía. Se acercan tiempos de duras luchas ideológicas. Hace falta reflexionar mucho a nivel colectivo sobre las respuestas que no se tienen a problemas que sí se tienen. Hay que acostumbrar al partido a hacerse preguntas y no trasladarlas fuera. Los malestares derivados de una época de crisis de valores necesitan una comprensión cultural y a la vez un planteamiento político que solo surge cuando las masas pueden ofrecer alternativas y acción transformadora. La burguesía aprovecha estas épocas de crisis para predicar abandonismo e inocular irracionalismo. En estas circunstancias, ningún partido revolucionario se puede permitir el lujo de perder a sus disidentes éticos o estéticos.

N.º 611, enero 1980.

Cultura

En un reportaje sobre los partidos comunistas de España publicado no hace mucho en La Calle, Quim Sempere apostaba por la elaboración de una auténtica política cultural comunista que fuera más allá de la simple insistencia en la libertad de expresión. No cabe duda de que estamos en el momento más adecuado para interrelacionar práctica con teoría cultural. Hay que contar con alternativas culturales aptas para poder ser aplicadas a través de los municipios, de las instituciones de la Generalitat y de cualquier otra institución pública o privada con claros objetivos de progreso. Pero la necesaria política cultural no se limita a defender la libertad de expresión en concreto o en abstracto, ni a establecer alternativas institucionales. Los partidos comunistas tienen que afrontar la necesidad y el riesgo de la cultura como dinamización social, de la cultura como un frente ideológico, y deben adecuar su propia organización a esta finalidad. En las organizaciones del partido, la cultura, es decir, la acción cultural, se considera bien el miembro tonto de la familia o bien la dama grácil que no está para muchos esfuerzos. Hay tantas batallas políticas y sociales por delante que no se comprende la rentabilidad de una inversión responsable en organización cultural. Y, sin embargo, día tras día comprobamos las dificultades crecientes de penetración social que se nos presentan, que aumentan a medida que la burguesía opone un frente ideológico y cultural a los avances del comunismo, un frente que va por delante de sus intereses materiales como clase a la defensiva. La acción cultural es una inversión política a medio y largo plazo. Tenemos que superar la visión instrumental que se tuvo durante el franquismo de la cultura como resistencia y debemos sacudirnos la actual disposición ignorante, desdeñosa y politiquera hacia la acción cultural. La cultura tiene que ser un instrumento de clarificación, de racionalización y, por tanto, de combate ideológico y político en un momento en el que la cultura burguesa predica la confusión y el irracionalismo.

N.º 612, febrero 1980.

El salario del miedo

Cuando, a inicios de los setenta, se divulgaron las conclusiones del Club de Roma sobre el nivel de desarrollo, desde el más radical optimismo histórico marxista fuimos unos cuantos los comentaristas de política internacional que nos pitorreamos a lo grande del catastrofismo de Sicco Mansholt y sus chicos. Hoy en día el asunto ya no hace gracia, visto el uso que el capitalismo ha hecho del miedo a la escasez que se ha convertido en una ideología de la parálisis, en una imposición de austeridad que el capitalismo utiliza para salir de la crisis salvando, tanto como sea posible, la tasa de beneficio. El miedo a la escasez no ha sido asumido por las clases altas, que siguen disponiendo del mismo poder adquisitivo de siempre. Afecta a las clases populares, los trabajadores que no solo ven cómo disminuye su poder adquisitivo, sino que incluso acaban en el paro, que es el camino más corto que hay entre la escasez y la nada.

El avance de la derecha en Europa es consecuencia de este miedo. Miedo al desorden que puede provocar más escasez. Miedo a la aventura de transformaciones profundas que sean una alternativa a la usura capitalista para salir de la crisis. Comprobamos que una extensa y profunda acción ideológica catastrofista está produciendo sus dividendos electorales y, por tanto, políticos, y, en consecuencia, económicos. El capitalismo quiere frenar los progresos populares en cada realidad nacional y en todos los frentes del mundo. Ha elegido la estrategia del miedo y la inseguridad, y se mueve cómodamente en un clima de inseguridad social interior y de guerra fría exterior. En estas condiciones, le resulta mucho más fácil controlar la dinámica histórica, justificar el abuso de autoridad y, finalmente, la represión.

Corre prisa un rearmamento ideológico y una acción ideológica abierta para contrarrestar esta cultura cínica de la supervivencia que el capitalismo difunde, a veces disfrazada con las más sublimes capas de espiritualidad conservadora o de pasotismo roquero.

N.º 613, febrero 1980

El espíritu olímpico

La poca vergüenza exhibida por el secretario de Estado estadounidense en su discurso ante el Comité Olímpico Internacional ha sorprendido incluso al mismísimo Samaranch. Por si había algún atisbo de duda sobre la politización del deporte, la instrumentalización política que los EUA están haciendo de los Juegos Olímpicos de Moscú acabará de arruinar los últimos castillos de ingenuidad. Carter quiere salvar la imagen electoral instrumentalizando la intervención soviética en Afganistán. Acorralado por el fracaso de su política internacional, expulsado de Nicaragua e Irán, perseguido electoralmente por Edward Kennedy, Carter se ha agarrado al clavo ardiendo de la Guerra Fría para hacerse necesario, para ser reelegido. La polémica sobre participar o no en los Juegos Olímpicos de Moscú no es otra cosa que usar una plataforma de comunicación de masas para hacer lucha ideológica contra el comunismo y lucha electoral a su favor. Es pintoresco que nadie haya denunciado lo suficiente el servilismo de las máximas autoridades deportivas estadounidenses. Se han adaptado a las consignas carterianas, como si fueran siervos del gran sultán o del zar de todas las Rusias. Tan pintoresca servitud no puede haber llegado por vía de la fe, sino por vía de la consigna. Es decir, aquí tenemos una prueba de que hay más de un tipo de estalinismo y que las malas imitaciones siempre son más chapuceras que el modelo original.

Si la reacción carteriana de las máximas autoridades deportivas estadounidenses es pintoresca, la actitud que han adoptado hacia el tema algunos Estados europeos replantea el debate de los países satélite. El gran padrino de Washington solo ha tenido que chascar los dedos para que a la señora Thatcher se le cayeran las bragas y a Helmut Schmidt, los calzoncillos. A todo el mundo le ha entrado un frenesí enfermizo para vincular los tanques soviéticos en Afganistán con los récords olímpicos. Vance ha querido recular por el túnel del tiempo y ha manifestado que fue un error la participación de las naciones democráticas en los Juegos Olímpicos de 1936 en la Alemania nazi. No hace falta que vayan tan lejos. Bajo este prisma, fue un error participar en los Juegos Olímpicos en 1976 mientras los Estados Unidos apuntalaban las feroces dictaduras del Cono Sur de América Latina. Fue un error participar en los Juegos Olímpicos de 1972 mientras los Estados Unidos batían el récord de lanzamiento de napalm sobre Indochina. ¿Y el error de participar en los Juegos Olímpicos de México después de la matanza de la plaza de las Tres Culturas? Una matanza, por otra parte, olímpica, porque no tenía otro objetivo que la defensa del espíritu olímpico ante unos miles de estudiantes convertidos en carne de ametralladora.

N.º 614, febrero 1980

Anticomunismo

Ya tenemos el anticomunismo instalado en las elecciones al Parlamento catalán. Anticomunismo al viejo estilo franquista, sostenido por el empresariado, que ha crecido bajo la vieja sombra franquista. Anticomunismo electoralista, de la nueva derecha y el viejo o nuevo centro, para recibir con una mano el dinero de la patronal y con la otra el voto del miedo. Anticomunismo de supervivencia, en partidos de izquierda que se disputan terreno con el PSUC. El problema es suyo, no de los comunistas. La campaña de Foment repercutirá en beneficio electoral del PSUC. Ni un voto comunista se perderá por la campaña del señor Molinas; más bien al contrario, volverán a las arcas del PSUC votos perdidos y recogerá nuevos votos por el refuerzo de identidad revolucionaria que Foment está prestando al PSUC. Si uno fuera suspicaz, que no lo es, insinuaría la posibilidad de que la campaña de Foment esté programada por el mismo PSUC o que Foment esté lleno de submarinos. Fijaos en que casi todos los ataques al PSUC usan los tanques soviéticos en Afganistán y la declaración a favor de la intervención de los comunistas del Baix Llobregat. En lugar de interpretar esta declaración como una manifestación de la libertad de expresión en el seno del partido, la interpretan como una prueba del tanquismo comunista. Si todo el PSUC hubiera condenado de forma unánime la intervención soviética, habrían usado el argumento del seguidismo, el consignismo, el dirigismo, como vicios inherentes al comunismo. No tienen remedio. Solo les queda el anticomunismo como seña de identidad.

N.º 616, febrero-marzo 1980

Corresponsabilidad

Durante la campaña electoral, la izquierda vendió la imagen de que había tenido la mayoría en las elecciones anteriores y había que conservarla para cumplir los objetivos de "una Cataluña nueva" (los socialistas) o la "reconstrucción nacional de Cataluña" (los comunistas). La imagen era acertada si se conseguía fijar un objetivo estimulante, un objetivo que las masas viesen al alcance de la mano, al alcance de su voto.

Por desgracia, no fue así. Gran parte de las masas corresponsabilizan a la izquierda de la desastrosa actuación del gobierno y la reflexión se ha invertido. "¿En qué se ha notado que hasta ahora teníais la mayoría?". Era lógico que los socialistas pagasen un precio electoral importante por su obstinación en aparecer continuamente como el "sottogoverno", como "oposición leal" al gobierno de Su Majestad, lealtad y corresponsabilidad que llegan a la complicidad en el estatuto del trabajador y en el acuerdo marco. Pero también era lógico que el desencanto del votante socialista repercutiese en un segmento del voto comunista, y este aumento no se ha producido. El voto socialista se ha ido bien a Esquerra Republicana y Convergència o bien al limbo de la abstención.

Es verdad que los comunistas han sufrido una campaña electoral a la contra, en la cual los famosos quinientos o seiscientos millones de Foment se han gastado de forma casi exclusiva haciendo anticomunismo. Es verdad que en esta campaña se han sumado coincidentemente fuerzas como Convergència i Unió, Esquerra Republicana y Fuerza Nueva, por si no era suficiente. En este sentido, los resultados electorales comunistas pueden considerarse incluso positivos. Pero solo en este sentido. No en el de haber aumentado la incidencia nacional del PSUC, ni en el de haber recuperado o ensanchado la confianza de un potencial votante comunista que de momento se guarda el voto. También ha pesado sobre los comunistas una mal explicada corresponsabilidad con la transición que, de momento, solo ha beneficiado a una nueva derecha catalana capaz de recoger el testigo de la alicaída UCD.

N.º 621, abril 1980

92

¿Adónde va el PCF?

La campaña de desprestigio contra el Partido Comunista Francés está siendo manipulada por un amplio frente anticomunista internacional que intenta desacreditar la viabilidad del proyecto eurocomunista de la "revolución de la mayoría". Hay una obstinación evidente en quemar la imagen histórica de Marchais y en privilegiar la dimensión de una imagen estalinista de un partido que ha luchado contra el estalinismo que llevaba dentro en la misma medida que el resto de los partidos comunistas europeos. No obstante, hay que plantearse la pregunta: ¿Adónde va el PCF? O más bien, ¿dónde está el PCF? Una pregunta que nos interesa sobre todo a nosotros antes de caer en una doble tentación: la de convertir la defensa de las tesis del PCF en un acto de fe totalmente imprescindible, o la de convertir la condena del PCF en una afirmación mimética desproveída de los conocimientos de la cuestión más elementales. No hay que defender al PCF porque sí, ni condenarlo porque no. Es exigible que el PC de España dé una explicación coherente y pedagógica a las diferencias que existen entre los distintos partidos comunistas del sur de Europa. Y, al mismo tiempo, es imprescindible que el PSUC busque esta explicación, porque la reconstrucción nacional de Cataluña tiene lugar en el marco de una

Europa pendiente de que cuaje un proyecto de euroizquierdas estimulante que recientemente ha acercado a Mitterrand y Berlinguer.

Para conseguir la "revolución de la mayoría" es imprescindible que los socialistas no se socialdemocratizen. La crisis capitalista empuja a los socialdemócratas a refugiarse en el búnker defensivo del sistema. Llegará un momento en que los socialistas tendrán que elegir entre este búnker metafísicamente contrarrevolucionario y la alternativa democrática de un bloque progresista orientado a la transformación social. Parece ser que el PCF no trabaja en esta dirección. Pero tal vez es una simple cuestión de apariencias.

N.º 622, abril 1980.

Disidentes

Me parece conveniente toda clarificación sobre la URSS y los países del bloque socialista, sobre todo para los comunistas, formados en una mitología soviética que, para bien o para mal, nos ha marcado. No creo que tengamos que pedir perdón por esto. Hay quien está marcado por la mitología de hamburguesa y American way of life y no se da golpes de pecho, porque los americanos han dispuesto de medios propagandísticos para convertir el imperialismo en beneficencia universal.

Me parece conveniente que se clarifique hasta qué punto se está realizando el socialismo en los "países socialistas" y que se denuncie una concepción piramidal de la sociedad que anula las iniciativas de base, que impide el ejercicio de la libertad de la discrepancia y que sustituye la variedad de la crítica por la única posibilidad de la autocrítica. En este sentido, el testimonio de "disidentes marxistas" es mucho más eficaz que el de disidentes "espiritualistas", a pesar de que los abusos cometidos contra unos y otros sean tan lamentables.

Lo que ya no me parece tan conveniente es que se eluda caracterizar el papel progresivo de la Unión Soviética y los países socialistas en el contexto de la contradicción universal entre el capitalismo y su contrario. Se elude esta caracterización o se intenta reducirla a una progresiva integración de los países socialistas dentro de un mismo sistema económico mundial, cada vez más situado bajo la iniciativa y la hegemonía del capitalismo. Cuando se quiere explicar la actual crisis del capitalismo, se recorre a los condicionamientos congénitos o a la presión de las reivindicaciones obreras que disminuyen el poder de acumulación. Como mucho se acepta el papel de las luchas y las victorias de emancipación nacional de los países dependientes. Pero se omite el papel que juegan los países socialistas al hacerlo frente al imperialismo, brindando apoyo a procesos de emancipación que, sin este respaldo, serán engullidos con facilidad.

Puestos a ser lúcidos, que se acepten las contradicciones en las que incurre la disidencia, sin que esto signifique cerrar los ojos ante los graves defectos de un sistema incapaz de asumir ni tan siquiera un pluralismo marxista, presente en la revolución soviética hasta la muerte de Lenin. Presente incluso en las páginas de Pravda hasta la irresistible ascensión de José Stalin.

N.º 623, abril 1980.

La cultura de la libertad

Con motivo de la campaña electoral al Parlament de Cataluña, los comunistas se han visto obligados a un ejercicio continuado de identificación ante la campaña deformante de la derecha. Que se hayan visto obligados a hacerlo no significa que haya sido suficiente. Más bien diría que no han terminado de aprovechar la ocasión que tenían para "reidentificarse" y, sobre todo, para reidentificarse según el proyecto de socialismo en libertad. Las sospechas que suscita esta expresión proceden del hecho que, históricamente, donde aparentemente ha habido socialismo no ha habido libertad. Dejamos que estas dos palabras se refieran a conceptos antagónicos, porque dejamos la palabra socialismo en la versión que le ha dado el estalinismo, y la palabra libertad en la versión que ha aplicado la burguesía. Un comunista puede ser un liberal si asume el ejercicio de las libertades como un instrumento de transformación positiva de la realidad y de perpetuo forcejeo crítico con las tendencias paralizadoras que actúan en la organización social, sea cual sea su signo. Históricamente, este carácter instrumental de la libertad ha sido comprendido por todas las clases ascendentes en fiebre revolucionaria y más tarde ha sido reprimido por todas las castas dominantes que han sublimado estos mismos procesos revolucionarios. Incluso la dictadura de clase, la dictadura del proletariado en la URSS de Lenin, fue compatible con el ejercicio de libertades importantes, brutalmente reprimidas por el estalinismo.

La libertad es una cultura que debe ser asumida por las masas en el mismo proceso de conformación de una cultura socialista de masas, porque en el ejercicio de la libertad está la garantía de que el socialismo no será reinterpretado y paralizado por una casta dominante. Tenemos que concebir cualquier exceso "socialista" contra la "libertad" como un error accidental o como un accidente erróneo. Nunca como una fatalidad.

N.º 624, abril 1980

El entierro del eurocomunismo

La burguesía se planteó la aparición del "eurocomunismo" como si fuera una mercancía circunstancial, para consumir esta vez en el mercado de las ideologías. La "inteligencia burguesa", sedienta de novedades, maleada por el frenesí del hiperconsumismo, veía en el eurocomunismo una propuesta de espectáculo relajado, después de las emociones fuertes experimentadas a costa del castro-guevarismo o del marxismo vodevilesco de Marcuse en particular y de las escuelas de Fráncfort en general.

El eurocomunismo era el hongo teomicina o la jalea real o el rocanrol, y fue la burguesía quien puso nombre a una propuesta estratégica resultante de treinta años de clarificación dialéctica de la estrategia comunista en los países de capitalismo avanzado. La burguesía hizo una interpretación interesada de la nueva estrategia y, a través de sus poderosos aparatos ideológicos, inculcó en todas partes la idea de que el "eurocomunismo" era la socialdemocratización definitiva de los partidos comunistas europeos, originados precisamente en una escisión de la socialdemocracia. Esta inculcación ha afectado al conjunto de la sociedad e incluso muchos comunistas se han creído más la versión del eurocomunismo que daba la burguesía que no la versión de la "revolución de la mayoría" que daban sus propios partidos. En estos momentos, el juego de actitudes en torno a la estrategia comunista en países desarrollados recuerda a los momentos más afortunados de las comedias de enredo. La burguesía tiene prisa para enterrar al "eurocomunismo", al que han descubierto de repente elementos tóxicos de difícil asimilación y puede contar con sepultureros surgidos de las propias filas comunistas, incapaces de comprender que la burguesía no quiere enterrar un nombre, sino una estrategia comunista que le hace daño.

Mientras la burguesía francesa acusa a Marchais de no ser eurocomunista, la burguesía catalana acusa al PSUC de ser falsamente eurocomunista. Pero una y otra quieren enterrar algo más que simples palabras. Quieren enterrar la irreversible instalación crítica de los comunistas en un tejido social amplio que impida su aislamiento y marginación.

Nº 626, mayo 1980.

Comunismo autoritario

Estos días estoy preocupado por el tema del catastrofismo, en tanto que ideología que se va infiltrando de arriba abajo manipulada por el capitalismo para telecontrolar con la droga del miedo. Y se nota, porque no escribo de nada más. Para contrarrestar los efectos del catastrofismo negativo, regresivo, represivo de la burguesía, me he autorrecetado una relectura de ¿Comunismo sin crecimiento?, de Wolfgang Harich, erudito alemán, en sus inicios especialista en Jean Paul (clásico romántico alemán que en nuestros libros de texto llamaban "Juan Pablo") y actualmente la voz ecologista más caracterizada de los países del este, en compañía del soviético Feodorov.

Al terminar la relectura, descubro eso mismo que descubrí al final de la primera lectura. Harich puede ser víctima de la autoterapia del disidente que se busca causas mayores para minimizar la reivindicación de libertad. Pero esta preconsciente disposición subjetiva no niega en absoluto la realidad que "imagina" a partir de la lógica de los datos y de los procesos materiales. Y, en consecuencia, ¿qué hacen, qué hacemos los comunistas que no nos aplicamos el descubrimiento del futuro para poner a prueba la estrategia del presente? Si Harich y los que piensan y prevén como él tienen razón, o bien los partidos comunistas se pintan de verde, o bien asumen el movimiento ecologista como el movimiento de masas que hay que privilegiar, porque de ahí saldrá la energía transformadora determinante del cambio histórico, la energía más poderosa: la que dicta el deseo de sobrevivir.

La propuesta de Sartre, "o socialismo o barbarie", es dramáticamente corregida por Harich: o comunismo o barbarie, pero comunismo autoritario, capaz de oponerse al caos de los intereses contrapuestos, intereses opuestos incluso en el sino del proletariado galáctico. Y aquí empiezan mis sospechas, que no invalidan la verdad comprobable de las premoniciones catastrofistas de Harich. ¿Nos propondrá un comunismo autoritario para garantizar el porvenir con la intención de no cuestionar el comunismo autoritario que mistifica el presente?

N.º 627, mayo 1980.

La santa alianza

La aparición del "bloque conservador" catalán es la traducción local de la estrategia internacional de la derecha. Vuelve el espíritu de la Santa Alianza en un triple frente político, económico y cultural para impedir que esta crisis sea la última, que esta crisis marque el relevo social definitivo que el marxismo anunció hace más de ciento treinta años. Advertimos en todo el mundo un serio intento de aislar, combatir o aplastar las fuerzas políticas más progresivas según la capacidad de la derecha y, al señalarlo, no caemos en el vicio comunista de la autocomplacencia por la manía persecutoria. De todas formas, como ya dijo no sé quién, lo peor que le puede pasar a alguien con manía persecutoria es que le persigan de verdad.

El intento de aislar a los comunistas ya se intentó escenificar cuando la derecha democrática quiso recomponer sus filas ante el franquismo y no tardó en descubrir que sin los comunistas la lucha contra el franquismo era una tertulia de medianoche. Una vez conseguida la democracia, se ha repetido el intento, y si no ha resultado es porque los comunistas han conseguido posiciones de fuerza social y sindical que impiden su marginación sin trastornos políticos graves. Pero el intento se repetirá. Así lo exige el poder económico con tal de seguir jugando al parchís democrático, y sus clientes políticos se disponen a cumplir un encargo bien pagado. Hay que buscar el motivo de muchas decisiones políticas que la derecha está tomando en el Parlament de Cataluña en las subvenciones económicas obtenidas para la campaña electoral.

Sería un error responder con el aislamiento a esta voluntad de aislarnos. Un escritor anarquista decía: "Cada vez que la burguesía me elogia, pienso: ¿qué tontería habré dicho?". Si los comunistas asumiéramos la soledad política, comprobaríamos el inmenso suspiro de alivio que se alzaría desde el bando contrario. Hay que engancharse a la sociedad en la que vivimos y no dejar que la Santa Alianza pueda barnizar los rastros de la carcoma.

N.º 643, septiembre (extra) 1980

La historia del PSUC

Todo partido político se ha construido históricamente a la vez que hacía historia. Creo que ya es hora de emprender la tarea de la historia del PSUC como partido con identidad propia, consecuencia de la situación histórica de Cataluña en relación con España. Esta historia del PSUC es imprescindible en un momento en que el partido de los comunistas catalanes desarrolla su política en su terreno más específico, sin olvidar la responsabilidad revolucionaria que le une con las clases populares de España, Europa y el mundo entero.

Por las características sociales y económicas de Cataluña, el PSUC ha estado en condiciones de ser la punta de lanza española experimental de la estrategia comunista en los países de capitalismo avanzado, y esta posibilidad le ha dado una posición de ventaja y ha marcado su carácter de partido comunista de nuevo tipo, capaz de asumir a Lenin y Gramsci, capaz de entender el papel de la Revolución de Octubre en la dialéctica universal y, a la vez, de enfrentarse al estalinismo como algo más que un fenómeno de despotismo personal historificado.

El estalinismo es una forma de dirigir y ser dirigido, que envilece por igual al director y a la orquesta, y que en última instancia hace que el director conforme la orquesta a su medida y termine constituyéndola con músicos mancos. Con todas las críticas que se le puedan hacer en este sentido, el PSUC ha creado una cultura interna de la libertad crítica y ha ensayado métodos de dirección, balbucientes pero irreversibles, que harán imposible ya no el estalinismo, sino el despotismo ilustrado que está apoyado parasitariamente en métodos direccionales de algunos partidos comunistas occidentales.

Por todo esto, el PSUC necesita con urgencia una historia por escrito después de haberla hecho durante cuarenta y cuatro años con el esfuerzo cotidiano de su militancia. Esta historia que ayudará a que cada comunista catalán sepa qué es el PSUC y que es del PSUC.

N.º 646, octubre 1980

Picasso y Mayakovski

Se cumple el primer centenario del nacimiento de Pablo Ruiz Picasso y medio siglo del suicidio de Mayakovski. Dos creadores que pertenecen al patrimonio cultural de toda la humanidad, no solo por los niveles estéticos que alcanzaron, sino también por el grado de compromiso ético y político con el cual contribuyeron a hacer historia. Picasso y Mayakovski pertenecen al patrimonio cultural comunista porque su compromiso fue explícito, flagrante. Quisieron ser comunistas por encima de las dificultades materiales y espirituales que conllevaba serlo en su condición de artistas privilegiados.

Sin pretender adjetivar al uno y al otro, los comunistas tenemos tanto el derecho como el deber de reivindicar el carácter militante del pintor y del poeta. El pintor es un investigador plástico extraordinario que da sentido a la identidad entre vanguardia estética y vanguardia política. Lo mismo se podría decir del poeta, y añadiría que fue incapaz de superar el clima de ruindad ética y estética que el estalinismo aportó a la Revolución de Octubre. Como ha dicho alguno de sus biógrafos, Mayakovski no se suicidó en 1930 por una cuestión de amor, sino por una cuestión de asco.

Durante el curso de actividades culturales que se ha iniciado ahora, el recuerdo reivindicativo de la obra de Picasso y Mayakovski merecería un lugar importante en las dedicaciones y planes culturales del PSUC. Mediante la imagen y la palabra, Picasso y Mayakovski tienen que salir de las páginas de los libros y de la memoria de los ilustrados y alcanzar su destino de artistas populares.

N.º 647, octubre 1980

Comunicación y cultura

Es urgente hacer un planteamiento a fondo de la política comunicacional y cultural del partido, ya no a nivel teórico, que esto está casi hecho, sino en la práctica. Un partido moderno con voluntad de hacer historia tiene que dotarse a sí mismo de instrumentos comunicacionales y culturales, porque si no pierde identidad y debilita su capacidad de instalación entre las masas. Creo que el PSUC no se ha planteado en serio esta necesaria dotación de instrumentos de lucha ideológica, y planteárselo no significa solo mentalizarse de la cuestión, sino hacer posible una praxis. Y esta praxis es imposible sin potencial económico y voluntad militante, sin que se pueda delimitar claramente quién hace de huevo y quién de gallina.

Sería necesaria una campaña económica para que el partido disponga de posibilidades materiales de poner en marcha medios de comunicación propios y una acción cultural auténticamente nacional, que implique a todo el territorio de Cataluña. Mientras no se pueda disponer de este potencial económico, será imposible poner en marcha unos medios audiovisuales que estén a la altura política alcanzada por el PSUC después de cuarenta y cuatro años de historia.

Igual que Mundo Obrero, en plena clandestinidad, lanzó una campaña económica en previsión del futuro, el PSUC tendría que hacer ahora lo mismo para hacer frente a las exigencias del presente. Tenemos por delante un período de tranquilidad electoral y habría que aprovecharlo para recoger fondos que permitiesen llevar a cabo un plan de acción comunicacional y cultural ambicioso: desde levantar auténticos medios de comunicación hasta conformar el embrión de un instituto de estudios marxistas, que tanta falta hace para la lucha ideológica en Cataluña.

N.º 649, octubre-noviembre 1980

La crisis de la UCD

Ahora que 1980 termina, el hecho más preocupante de la vida política española es la crisis e impotencia de Unión del Centro Democrático; crisis interna, impotencia para afrontar con eficacia los graves problemas planteados al país. Unión del Centro Democrático nació para ocupar el vacío de poder que dejó el franquismo y reunió una prodigiosa diversidad de tribus, desde los socialdemócratas moderados a los antiguos niños azules del régimen, como Martín Villa o el mismo Suárez. Tres años después de su victoria electoral del 15 de junio, Unión del Centro Democrático se descompone en cada una de sus tribus en una feroz lucha interna por ganar la hegemonía. Parece ser que la tribu socialdemócrata ganó la última crisis y ocupa gabinetes ministeriales tan importantes como el de Justicia o el de Política Económica, pero la ofensiva de fondo la plantean los democristianos vaticaneros aliados con lo mucho que queda del Opus Dei, hinchados por los vientos que siembran los poderosos pulmones de Juan Pablo II.

Las continuadas ofertas de Fraga o la pintoresca alternativa de Alfonso Osorio al frente de un gobierno de "gestión" son síntomas de la crisis de la UCD y de la progresiva inquietud que reina en los centros de decisión importantes, que van desde la gran banca a la nunciatura apostólica, pasando por la embajada de los Estados Unidos y el Palacio de la Zarzuela. La UCD no solo se está quemando a sí misma, sino que quema todo lo que toca, y aquí tenemos los casos del PSA y de Convergència i Unió para demostrar la parte de buen consejo que hay en no mezclarse con malas compañías. La alianza "centrada" fallida entre la UCD, CiU y el PSA ha cuestionado el carácter verdaderamente nacional de Convergència i Unió y del PSA. En el caso de los convergentes, pactaron con la UCD anteponiendo los intereses de clase, y en el caso del PSA hay que atribuir el pacto al aventurismo rocambolesco de Rojas Marcos si no queremos buscar tres pies a este gato.

Sin crédito y sin aliados, la UCD va a empezar el año con un congreso en el que Suárez será reelegido, aunque pagará el precio de la fiscalización política desde la tribu que consiga la hegemonía. O Unión de Centro Democrático se deja llevar por la crisis, se hunde y crea un barranco por donde puede desmoronarse toda la democracia española, o se rompe para abrir paso a una nueva formación política menos contradictoria. Tal y como está, la UCD no sirve de nada. Ni hace ni deja hacer.

N.º 657 (diciembre 1980 - enero 1981)

De tres en tres

La UCD ya tiene tres tendencias perfectamente desorganizadas que se corresponden, casi con exactitud, con los grupos que conformaron en un primer momento la coalición ucedera: el llamado "sector crítico", que reúne liberales y democristianos; los martinvillistas, o la alegre cuadrilla del SEU; y los suaristas, a estas alturas coincidentes con los supuestos socialdemócratas de la UCD. Y así como el objetivo manifiesto de los suaristas es mantener las cosas como están y los hombres donde están, el objetivo de las otras dos tendencias no queda muy claro. Se pueden contentar con hacer presión al núcleo de dirección en búsqueda de mejores posiciones personales o de tendencia, o pueden aspirar incluso al jaque mate a Suárez y ofrecer alternativas como Landelino Lavilla o Leopoldo Calvo Sotelo.

La ambición del objetivo depende del cálculo estratégico efectuado por los poderes fácticos determinantes de la existencia de la UCD: el poder bancario, el departamento de Estado, el Palacio de la Zarzuela, la jerarquía eclesiástica. Parece ser que el congreso de la UCD no supuso la caída de Suárez, pero sí la consolidación personal de una alternativa para la derecha: Landelino Lavilla. Esta alternativa de derechas actuará como factor disuasorio ante determinadas decisiones política y hará virar la nave hacia la derecha. En el caso, probable, de que Suárez y el gobierno sigan deteriorándose, siempre queda el recurso de provocar una crisis y sacarse a don Landelino de la manga antes de las elecciones de 1983. Durante el período que se acerca, puede resultar más coherente el trío Wojtila-Lavilla-Reagan que no el que conforman Pablo IV-Suárez-Carter, un trío que huele a muerto.

N.º 659, enero 1981

Calvo Sotelo

Se especula sobre la posibilidad de que el Rey no proponga un nuevo jefe de gobierno hasta después del congreso de la UCD. Si el congreso permite la recuperación de cierta coherencia interna, Calvo Sotelo será propuesto como jefe de gobierno. Si el congreso es una demostración de luchas de tribus, la candidatura de Calvo Sotelo y la de cualquier líder ucedero puede estar en peligro, y cabe la posibilidad de una nueva mayoría hacia la derecha o la izquierda, e incluso unas elecciones anticipadas.

Calvo Sotelo ha sido un hombre clave en la historia de la Transición. Urdidor de la reforma, urdidor de la UCD, dejó el pastel hecho y se retiró a una cómoda posición de observador desde el puesto de ministro negociador del ingreso de España en el Mercado Común. Cuando el diputado Sagaseta habla de la oligarquía que hay detrás de la UCD, habla de la oligarquía que tiene en Calvo Sotelo su portavoz en la Tierra. Representante de uno de los grupos de presión financieros más determinantes de la vida española, Leopoldo Calvo Sotelo es algo más que un político de partido, como también lo es Landelino Lavilla. Calvo Sotelo o la oligarquía; Landelino Lavilla o el vaticanismo.

Estos son sus poderes. Calvo Sotelo significa la continuidad de una política "dictada" desde los centros de decisión más poderosos del país. Se la dictaron a Suárez y ahora se la dictarán a Calvo Sotelo, con la ventaja de que Calvo Sotelo necesitará menos traductores y preceptores porque sabe de economía, y con la desventaja de que necesitará más maquilladores porque no es tan fotogénico.

N.º 660, enero-febrero 1981

Penúltima oportunidad

La UCD se ha concedido a sí misma una penúltima oportunidad. Un pacto no escrito entre exazules (martinvillistas), socialdemócratas y tecnócratas (Calvo Sotelo o Rodríguez Sahagún) que permitiría un intento de gobierno de centro, seguramente con el apoyo de los mismos aliados que secundaron a Suárez: Convergència i Unió, el PSA y el PNB. Todo indica que este gobierno está a prueba y que, en el caso de que prosiga el deterioro interno de la UCD y se agrave la crisis general del país, este mismo gobierno fomentará unas condiciones de incertidumbre social y desconcierto propicias para plantear el dilema: o nosotros o el caos. Se sabe que es en estas situaciones cuando se produce el voto del náufrago, y cualquier náufrago está dispuesto a vender su alma al diablo a cambio de una tabla de salvación. Las elecciones generales anticipadas pueden ser esta tabla de salvación ofrecida por la UCD justamente con un dilema desesperado.

También es cierto que la UCD se ha visto forzada a asumir la convocatoria del congreso por presiones altísimas, para que el Rey no se encontrase ante la evidencia de tener que ofrecer a las Cortes un jefe de gobierno propuesto por un partido descompuesto, sin credibilidad. Este vacío de credibilidad de Suárez y la UCD ha sido ocupado por el jefe de Estado en persona, usado en su viaje al País Vasco y en el habilísimo programa de televisión filmado por la BBC. Es un síntoma inquietante porque indica que, gastada la credibilidad del gobierno, se recurre a la credibilidad carismática de la monarquía. Si también esta se gasta, ¿qué les queda? La utilización de Juan Carlos es un síntoma político alarmante y clarifica el carácter de ultimátum que tendría el gobierno de Calvo Sotelo y el dramatismo que enmarcaría unas elecciones anticipadas; un dramatismo poco favorable al voto de izquierdas.

N.º 661, febrero 1981

Las autonomías, en peligro

Un artículo muy agresivo contra las autonomías firmado por Pedro J. Ramírez en Diario 16 es un síntoma que hay que sumar a las declaraciones de Gabriel Cisneros sobre la posibilidad de una reforma de la Constitución. Tenemos que oponer estos dos síntomas a las declaraciones de Marcelino Oreja en las que ratifica el proceso autonómico de Euskadi. Es decir, que muy probablemente la UCD no solo está dividida ante la cuestión del divorcio o de la LAU, sino que, además, se divide ahora en la valoración de las autonomías como factor detonante de la ideología de la sedición. En el artículo de Pedro J. Ramírez se llega a decir que la Generalitat de Cataluña ha tomado medidas delirantes, así como suena. Aquello que desde una óptica catalana nos ha podido parecer política pujolística vacilante y, a veces, claudicante, desde los sectores centralistas de la UCD se interpreta más o menos como medidas desestabilizadoras que han contribuido a la creación de un clima de golpe de Estado.

Es indudable que parte de la UCD quiere mantener a raya a Convergència y al PNV atemorizándolos para que exijan por debajo de sus posibilidades de exigencia. Se vuelve a practicar el funesto oficio del aprendiz de brujo, porque un recorte de las dinámicas autonómicas de Cataluña y Euskadi nos conducirá a la ruptura de la tregua de ETA-pm, a dar coartadas políticas a ETA-m y a fomentar en Cataluña un radicalismo nacionalista hoy día aislado y debilitado a causa de la identidad inequívocamente nacionalista de las principales formaciones políticas catalanas y por la perspectiva del Estatuto y las instituciones nacionales.

N.º 665, marzo 1981

La presión democrática

El viaje de Felipe González por Europa reclamando apoyos a la democracia española forma parte de una operación democrática a la que le falta una pata y, por tanto, cojea. Esta operación democrática, disuasoria de un golpe de Estado, se sustenta en tres patas: el compromiso del Rey, el apoyo verbal de las democracias europeas y el activismo concienciador que han asumido socialistas y comunistas. Pero hay una pata que no está, y por eso renquea. Esta pata son los aparatos ideológicos del poder.

El Gobierno habría podido desencadenar una gran campaña de alfabetización democrática: desde la enseñanza primaria hasta la televisión. Habría podido contar con la plana mayor de las fuerzas de la cultura, con el compromiso leal de todas las fuerzas de progreso, con el apoyo de las fuerzas sociales. Pero el Gobierno teme que esta movilización ideológica democrática se le escape de las manos y prefiere controlar desfallecidas acciones concienciadoras tan prudentes que parecen cobardes.

Se podría hacer el mismo reproche a los dos gobiernos autonómicos en ejercicio. Ni el de la Generalitat de Cataluña ni el del País Vasco no han hecho hasta ahora el más mínimo gesto con vistas a propiciar una campaña de inculcación democrática. Se practica la usura del poder, la tacañería institucional, para evitar que el inevitable concurso de la izquierda debilite o relativice la imagen del poder. Tanto la UCD como Convergència o el PNV anteponen razones partidistas a objetivos globales y previos de salvación democrática. Las instituciones son y serán frágiles si no tienen el apoyo de las masas. Hay que movilizar la conciencia democrática de las masas.

N.º 666, marzo 1981

Asesinato en el Comité Central

Es la primera vez que tengo que hacer una autocrítica de una de mis obras. Y es bastante gracioso que precisamente sea la de Asesinato en el Comité Central y para una publicación del órgano central de un partido comunista. En 1973 imaginé una serie de novelas en torno a un personaje, Pepe Carvalho, que había aparecido en Yo maté a Kennedy. Si en Yo maté a Kennedy Carvalho era un guardaespaldas de Kennedy, y finalmente su asesino, el Carvalho que empecé a crear para mi conjunto de novelas sería un investigador privado à la mode de la novela negra estadounidense, pero traducido a la realidad de la España urbana del último cuarto del siglo XX. Ya en 1973 desarrollé los que serán argumentos fundamentales de la serie Cavalho, y hasta ahora he cumplido el objetivo con una fidelidad casi absoluta. Un objetivo que en 1974 presenté a dos editores, que lo rechazaron al considerarlo inviable. Asesinato en el Comité Central fue pensada ya hace ocho años y, por tanto, no es una novela concebida al calor ni al frío de ningún pleito interno.

Aunque resulta inevitable hacer una lectura política de la novela, es bien cierto que aquello que me llevó a imaginarla y escribirla no fue un interés político, sino un desafío tanto moral como sentimental. Por algunos motivos históricos evidentes, los partidos comunistas tienen una cultura de santuario cerrado a cal y canto, una cultura de ocultismo procedente de la necesidad de sobrevivir en las más arduas condiciones de clandestinidad. A nivel literario, esta realidad interna comunista ha sido bien glorificada por una literatura piadosa de leyenda áurea, una literatura de estampitas, hojas parroquiales y manuales de devoción, o bien trasladada a una literatura apóstata o renegada de excomunistas que miran hacia atrás con ira o rencor, a veces con ambas. Yo quería usar el partido y sus arquetipos como materiales literarios sin caer en el libro de la Historia Sagrada ni en la revancha. Por eso me venía de maravilla el "punto de vista" de Carvalho, ojo verdadero de la cámara que capta la realidad-ficción de la novela. Un tipo fronterizo y a la vez central, distanciado y comprometido. Desde este punto de mira, el partido y sus arquetipos podían haberse descrito y usado de forma literaria sin convertirse en la razón de ser. Lo que importa es una manera de ver la aventura y, por tanto, una propuesta literaria de verla.

Durante muchos años, esta novela será leída de forma diferente por los comunistas y por quienes no lo son. Ya lo tenía previsto. Al fin y al cabo, la he escrito como si fuera y como si no fuera comunista. Aunque lo soy. Por cierto, la palabra "autocrítica", en este caso, no significa lo que suele significar en nuestra cultura partidista. En este caso no amenaza a nadie. Ni al que la hace, ni a los que le escuchan.

N.º 670, abril 1981

124

Hay que salir de las madrigueras

La voluntad comunista de dar apoyo a un gobierno de coalición en España y de entrar en un gobierno de unidad en Cataluña ha chocado con una realpolitik de concentración UCD-PSOE en España y los intereses clientelares de socialistas y convergentes en Cataluña. Los comunistas del siglo XXI (ya casi llegamos) deben tener en cuenta el mecanismo comunicacional en el que están enredados, mecanismo que no controlan y que, como mucho, podrán evitar que les controle a ellos. La voluntad concertadora de los comunistas ya es una imagen instalada en el país por los medios de comunicación y, como es evidente que ha sido rechazada por la UCD y no ha sido suficientemente respaldada por el PSOE, el país dispone en estos momentos de una imagen desdeñosa de la oferta comunista y de un cierto titubeo en las reacciones. Mirándolo bien, hoy en día casi nadie sabe qué papel desempeñan los comunistas en la ceremonia de la confusión de la supuesta concertación.

Tal vez el partido se haya interiorizado de forma excesiva, pendiente de sus conflictos internos. Los casos Tamames, Mohedano, Triana y García Salve, por un lado, y el del PSUC por otro, pueden embelesar al partido, y este embelesamiento sería peligroso. Por suerte, el PSUC ha hecho un importante avance para salir adelante y ayudarse a sí mismo y al conjunto de los comunistas a coger por los cuernos al toro de la autocrítica y la resituación. O el X Congreso del PCE sirve para esta crítica y resituación o lo que hoy por hoy es la foto fija de una indecisión puede convertirse en una peligrosa foto amarillenta, obsoleta, crepuscular. Hay que salir de las madrigueras.

N.º 674, mayo 1981

Bien por el Mundo Obrero

Un buen trabajo del Mundo Obrero al destapar el pastel que escondía informaciones "realmente existentes" sobre los hechos de Almería. Lo que Mundo Obrero ha publicado es vox populi en Almería; vox populi que se esparce en voz baja, todo hay que decirlo, porque se teme que la fuerza de los responsables sea mayor que la de los que piden responsabilidades.

La responsabilidad con la que los comunistas hemos abordado la cuestión del terrorismo nos otorga una autoridad moral y, por tanto, política a la hora de exigir un esclarecimiento sobre uno de los abusos de poder más repugnantes cometidos en Europa desde el fin de la Segunda Guerra Mundial. La "carrera de toros" en Almería nos devuelve a la mente escenas de guerra civil o fotogramas de guerra sucia; en este caso, además, inútil, porque ha sido dirigida contra tres jóvenes que no eran parte de la guerra, que han muerto porque su simple juventud era sospechosa.

La credibilidad que han conseguido los comunistas en su denuncia responsable del terrorismo y en la denuncia de abusos cuantificables, antihumanos, bestiales, justificados por la lucha antiterrorista, sería un pequeño triunfo, de familia política, intrascendente si no se convierte en conciencia pública de que hay que creer en la democracia, y de que para conseguirlo hay que hacerse transparente, aunque aquellos que están en el poder la hayan vuelto opaca. Son los demócratas los que tienen que defender la democracia, y si el gobierno o el partido de gobierno son suficientemente demócratas, los demás no tenemos que dar la causa por perdida. La democracia es nuestra causa.

N.º 677, mayo 1981

¿Quo vadis, Barça?

Aunque la historia del fútbol en Cataluña y España es relativamente corta (ochenta años no son nada), ya se habían fijado algunas constantes en la relación entre la historia interna del fútbol y la historia política del país. En épocas de represión, el Estado propicia el fútbol como válvula de escape y el Barça se convierte en un símbolo del catalanismo reprimido. En épocas de tolerancia, el Estado se desentiende del fútbol y el Barça pierde puntos de representatividad política. Por este motivo, Narcís de Carreras dijo que "el Barça es más que un club" y Agustí Montal se apoderó de esta aguda observación y la convirtió en un eslogan.

La llegada de Núñez al poder representó un duro golpe a la significación nacional del club. Núñez era un empresario triunfador acostumbrado a ganar la batalla de las esquinas y pasaba por encima de los matices sociopolíticos que hacen del Barça lo que es. Las cosas no le fueron del todo bien y entonces Núñez recorrió a la denuncia del centralismo madrileño para echar balones fuera. Parece ser que Núñez ha retomado la vía del simbolismo político del club y ha llegado incluso a estar en la presidencia del acto de afirmación nacionalista del Camp Nou y ha aplaudido hasta la extenuación la petición de "Libertad patriotas catalanes". Casaus, duramente represaliado tras la Guerra Civil, aportó el tono combativo y emotivo a la ofrenda floral al monumento de Rafael Casanova el 11 de septiembre pasado. Pero, a pesar del anticentralismo exculpatorio de Núñez y la incontrolada emotividad de Casaus, la verdad es que la imagen nacional del club está llena de astillas y, tras la retirada de Rexach, el Barcelona es el club de España que cuenta con menos jugadores autóctonos. El caso Carrasco es una prueba de la cobardía de unos dirigentes para hacer frente a una devaluación histérica de un excelente jugador de la cantera.

Dirigido como si fuera una inmobiliaria, el club no ha alcanzado los hitos triunfales que Núñez le prefijaba. Hasta ahora, Núñez se ha salvado con habilidad, al conocer qué fácil es el recurso del anticentralismo para cubrir los errores y defectos propios. Pero, por lo que ha pasado hasta ahora, el Barça de Núñez, el Barça de la Transición, es también el Barça de la desidentificación.

N.º 688, septiembre 1981

Grandezas y servidumbres del ciudadano Max Cahner

Cuando el señor Max Cahner aceptó la propuesta de Jordi Pujol de hacerse cargo de la Consejería de Cultura, hubo quien auguró un matrimonio malogrado entre los dos hombres que más iniciativas han tenido en pro de la cultura catalana y uno de los hombres con menos iniciativa y sensibilidad hacia la cultura sin adjetivos. Meses después, el balance no puede ser más descorazonador; ahora bien, no hay que circunscribir este balance a lo que ha hecho y, sobre todo, a lo que no ha hecho Max Cahner, sino a la política cultural general practicada por la Generalitat: ramplona, exigua, falsamente interclasista, realmente clasista, falsamente integradora, realmente discriminante.

Si la Consejería de Cultura no ha elaborado una política cultural que se ajuste a las necesidades reales del conjunto de la comunidad catalana, es porque el gobierno Pujol tampoco ha elaborado una política en base a las necesidades de nuestra sociedad. El gobierno de Pujol se ha embarcado en una política clasista de Estado que ha culminado en su respaldo de la entrada de España a la OTAN, y que ha pasado por todas las claudicaciones ante la UCD a cambio del apoyo centrista en el Parlamento catalán y otras concesiones personales o de grupo por pertenecer al dominio del rumor y de la suposición. El señor Max Cahner no ha podido ser la excepción, o no ha sabido serlo, por desgracia, porque a pesar de los temores iniciales con los que fue recibido su compromiso con Pujol, la inmensa mayoría de las fuerzas culturales de Cataluña le avalaba un crédito en función de su pasado ejemplar.

El caso de la censura contra la obra del Romea es lamentable por partida doble: por el hecho de censurar en sí y por la sandez de la propuesta lingüística sustitutiva. La censura en sí evidencia la inmortalidad democrática de una gestión, y la propuesta lingüística aparecida en los diarios muestra la estupidez del significador a través de la estupidez del significado. La relación entre lenguaje y pensamiento convierte las "enmiendas" al texto en una prueba de pequeñez provinciana, minicultural, de la estrechez de miras del que fue su urdidor y materializador. Pero el caso del Romea es esto, un caso sintomático de una determinada concepción cultural que puede calificarse de zopenca y represiva a la vez.

Durante las últimas semanas, los amigos de Max Cahner, que tiene muchos y muy buenos, se han preguntado: "¿Qué hace un chico como tú en una política como esta?". Max Cahner ha intentado salir del embrollo mediante una política de subvenciones, reformada deprisa y corriendo, y dirigida a amordazar bocas de la progresía del país. Por suerte, en Cataluña todavía no se han desarrollado las malas costumbres del clientelismo, y los que han salido en defensa de Max Cahner lo han hecho fieles a la cultura del sentimiento y del respeto a los puntos de referencia que había conseguido en la resistencia contra el franquismo. Los demócratas de este país, si no pasáramos por alto la anécdota del Romea y del fracaso personal de Max Cahner, y en cambio no diésemos una voz de alerta ante una política cultural medio inexistente, medio reaccionaria, una política cultural consecuencia de una política general dedicada plenamente a suscribir la decantación de la reforma democrática hacia el resto.

Tal vez el señor Max Cahner es consciente de que hace tiempo que está en una mala situación, pero desde una prepotencia obstinada se ha

132

empeñado en quedarse entre Pujol y la pared sin pedir ayuda a tiempo a quien tendría que habérsela pedido: al conjunto y a la mayoría de las fuerzas culturales de Cataluña. Esto, sin embargo, habría significado democratizar una gestión y toparse contra el exclusivismo bunkeriano de la política global de la actual Generalitat. Es decir, también Max Cahner ha entrado en vereda y, por tanto, tendrá que atenerse a las consecuencias.

N.º 696, noviembre 1981

La reunificación del PSUC

Habrá que ver el alcance del coste político que reportará el afán disciplinario de la dirección del Partido Comunista de España. La verdad es que la derecha española se regocija al ver este pleito interno y que la gente a pie de calle sume otra falsa impresión a las muchas que ya tiene para deducir de ello la incompetencia e inutilidad de los partidos políticos. Las crisis de los partidos de izquierdas no son factores de desestabilización directa, siempre y cuando los de derechas puedan garantizar su propia hegemonía. Pero son factores de desestabilización indirecta según el carácter de la crisis. Este ha sido el caso de la crisis del PCE, por todo lo que ha rezumado de caos interno y por lo que ha evocado de antigua cultura autoritaria.

Y no está el PSUC para dar lecciones a nadie, ni para ver la paja en el ojo ajeno… Pero sí que está en condiciones de aprender de lo que le ha pasado al PCE y no trasladar a su sino mecanismos intradestructores como los que han operado en Madrid. Estamos en una difícil etapa precongresual en la cual, con mucha facilidad, puede desencadenarse una dialéctica provocación-represión que nos conduciría a situaciones exterminadoras que restarían todo valor al futuro VI Congreso.

Son demasiados los que se empeñan en convertir el VI Congreso en un festival de exterminios, según la vieja tradición que considera que las depuraciones favorecen la coherencia de los partidos. En estos momentos y en el marco de sociedades industriales complejas, el viejo ritual depurador es solo un anacronismo de revela la impotencia de hacer una síntesis de la pluralidad cultural inherente a cualquier partido democrático. El PSUC está a tiempo de no meterse en esta dialéctica infernal y, por este motivo, hay que hacer imposible la represión impidiendo la provocación. La inmensa mayoría de militantes del PSUC ha asistido boquiabierta e impotente a un fuego cruzado entre extremos mutuamente excluyentes y es hora de que esta inmensa mayoría reaccione, se coloque entre los exterminadores e imponga una síntesis clara que permita al partido ser fiel a su tradición y a su proyecto histórico. El VI Congreso tiene que ser el de la reunificación.

N.º 697, noviembre 1981

Contenido